李·艾柯卡传

杜艳艳◎著

时代文艺出版社

图书在版编目（CIP）数据

李·艾柯卡传/杜艳艳著.—长春：时代文艺出版社，2012.7（2023.7重印）
（世界商业名人传记丛书）

ISBN 978-7-5387-4097-4

Ⅰ.①李… Ⅱ.①杜… Ⅲ.①艾柯卡，L.—传记 Ⅳ.①K837.125.38

中国版本图书馆CIP数据核字（2012）第143813号

出 品 人　陈　琛
责任编辑　刘瑀婷
助理编辑　史　航
装帧设计　孙　利
排版制作　隋淑凤

李·艾柯卡传

杜艳艳 著

出版发行/时代文艺出版社
地址/长春市福祉大路5788号　龙腾国际大厦A座15层　邮编/130118
总编办/0431-81629751　发行部/0431-81629755
官方微博/weibo.com/tlapress　天猫旗舰店/sdwycbsgf.tmall.com
印刷/北京市一鑫印务有限公司
开本/710mm×1000mm　1/16　字数/156千字　印张/12
版次/2012年10月第1版　印次/2023年7月第3次印刷　定价/36.00元

目录
Contents

李·艾柯卡传

　　他是一个非常勤奋努力的人，他一直在努力地扮演着人生中的每一个角色。

　　他是一个好儿子，他时刻铭记着父亲的教诲："太阳总是要出来的。要勇往直前，不要半途而废。"正是因为铭记父亲的教诲，才使他敢于面对现实，才使他勇于迎接挑战，最终成功地从逆境中奋起，再创人生的辉煌。

　　他是一位好丈夫、好父亲，他可以原谅小亨利·福特对他做过的所有事情，包括毫无理由地解雇他。但有一点是他这辈子都不肯原谅他的，那就是小亨利·福特是如此残忍，以至于在解雇他时，连他向自己家人解释的时间都不给他，让他没有机会在全世界都知道以前先坐下来告诉自己的孩子。他永远无法原谅他的这种残忍给自己的家人所造成的伤害。

他是一个好领导，他以他独特的魅力，引领着他的团队。在他的周围团结着一群忠实能干的管理人才。当他被小亨利·福特荒谬地解雇后，他的这群老部下甘愿放弃福特公司的丰厚待遇，纷纷辞掉工作追随他而去。在面对克莱斯勒的困境时，他提出"共同牺牲"原则，率先将自己的年薪降到史无前例的1美元，他认为："作为企业的领导，最重要的一点就是身先士卒，作出样子。这样员工的眼睛都看着你，大家都会模仿你。"他提出的"领导力的9C原则"，是所有领导者的风向标。

他是一位勇士，他喜欢激流勇进，也敢于逆境崛起。21岁以见习工程师的身份进入福特汽车公司，22岁离开工程部进入销售部，成为一名公司最底层的汽车推销员，25岁升为地区销售经理，38岁成为公司副总裁兼总经理，46岁登上公司总裁的宝座。他所创下的汽车销售纪录，他为福特汽车公司所创造的数十亿美元的利润，使他成为了汽车界的风云人物。他的前半生就是这么的顺风顺水，一马平川。然而，好景不长，在他54岁时，命运与他开了一个不小的玩笑，将他从事业的巅峰拉到了人生的谷底：他被亨利·福特二世解雇了，不是因为他失职，而是因为他做得太好了，好得"功高盖主"，让亨利·福特二世心生恐惧。

面对这突如其来的巨大变故，他没有怨天尤人，更没有一蹶不振，而是勇敢地重整旗鼓，迅速地投入到新的事业中：以总裁的身份入主克莱斯勒汽车公司。他力挽狂澜，扶大厦于将倾，不仅将这个濒临破产的公司从破产的边缘拉了回来，还使它以惊人的速度起死回生，在6年后，创下了24亿美元的赢利纪录，这比它此前60年的利润总和还要多。在经历了人生的低谷后，他用他的努力再一次创造了汽车界的神话。

他就是李·艾柯卡，一位汽车界的传奇人物。

这位传奇人物曾先后任福特汽车公司的总裁和克莱斯勒汽车公司的董事长。出色的领导才能和卓著的管理成就使他两度蜚声美国。第一次是在1964年，他在当上福特汽车公司副总裁后推出了野马车型，野马车型的大获成功和所创下的销售纪录，使他闻名全美国。第二次是在1985年4月，《时代》杂志的封面刊登了他的肖像，通栏大标题是："他一说话，全美国都洗耳恭听！"

他的名字在美国家喻户晓，他的管理才能享誉全球，他的传奇人生久传不熄，甚至连美国前总统布什都承认，唯有"艾柯卡是他竞争总统之路上最强有力的竞争对手"。

在总结自己的成功历程时，他如是说："我懂得了一个亲密无间的家庭可以给人以力量；我懂得了奋斗，即使时运不济；我懂得了不可绝望，哪怕天崩地裂；我懂得了世上没有免费的午餐；我懂得了辛勤工作的价值。"热爱家庭、顽强奋斗、永怀希望和辛勤工作，这就是艾柯卡成功的秘诀，也是他留给我们的忠告：天下没有免费的午餐，唯有勤奋努力才能品尝到成功的味道。

第一章　父亲的启蒙教育

"我懂得了一个亲密无间的家庭可以给人力量；我懂得了奋斗，即使在时运不济时；我懂得了不可绝望，哪怕天崩地裂；我懂得了世上没有免费的午餐；我懂得了辛勤工作的价值。"

1. 意大利移民的儿子

1902年的一天，一个衣衫褴褛的男孩站在油轮的甲板上，指着自由女神像兴奋地大叫："我们到了！我们到了！"稚气的眼神里充满了渴望。这个小男孩叫尼古拉·艾柯卡，12岁。与所有人一样，他也是怀揣着发财梦来美国的。对他而言，美国就是充满希望的沃土，只要有目标且愿意努力，就可以成功。

过度的兴奋使他的两颊涨得通红，双眼也迸发出闪闪的光彩。这个精明的小男孩知道，他的新生活就要开始了。

下了油轮，他便与他的继兄去了宾夕法尼亚州的加勒特。在这里他们住了很短的一段时间。为了生存，他曾到一家煤矿做童工，但他发现那种工作离自己发财的路太远，所以一天都没干完就离开了。除了这个工作，他还尝试过许多份其他的工作，但都因各种原因而没能坚持下去。

过了不久，他就东迁到了阿伦敦，与在这里的一个兄弟会合。在这里，他也打过许多份零工，但大部分时间是在做鞋匠。

尽管财富之门一直没向他打开，但他从未感到绝望，仍在全力追逐自己的梦想。无论做什么工作，他都很卖力，而且总是能从中找到乐趣。

时间总是在不经意间流逝，一转眼，他已从一个12岁的小男孩长成了一个31岁的成熟男人。时间的流逝带给他的不仅仅是年龄的增长，还有不断成熟的谋生技能和口袋里越来越重的金币。终于，他觉得自己已存够了钱，可以回家接寡母出来了。于是，在1921年，他回到了意大利。

他的家乡在意大利坎帕尼亚省那不勒斯市北部大约25（1英里=1609.344米）英里的圣马可镇。那是个美丽的小镇，阔别多年后又重新踏上这片土地，他感到既熟悉又陌生。

他在圣马可镇待了不久就返回了美国。与他同返美国的，除了他的母亲外，还有他的妻子安托瓦妮特，一个17岁的新娘。她是圣马可镇上一个鞋匠的女儿。他们在相识几个星期后就迅速结了婚，虽然他们认识的时间不长，但他们知道彼此都深爱着对方。

他们的返美之旅并不是很顺利。他的妻子得了伤寒，大部分时间只能躺在船上的医务室里。当船驶到埃利斯岛时，他妻子的头发都已经掉光了。根据那时美国的法律，患了伤寒的人是必须被遣返原籍的。但在美国多年的闯荡，已使他学会了如何在新大陆生存。他发挥自己能言善辩的本事，连哄带骗地让移民局官员相信他的新婚妻子不过是晕船而已，并没患上伤寒。

三年之后，1924年10月15日的那天，他们的儿子出生了。他给他起名叫立都·艾柯卡。在这之前，他们已经拥有了一个女儿迪尔玛。

"立都"这个意大利名字对大多数美国人来说，非常陌生，他们甚至无法正确无误地将它拼写出来。这给成年后的立都带来了一些困扰，无奈，他决定给自己改个简单的名字，叫李。李·艾柯卡这个名字就这样出现了，并越来越为人们津津乐道。

也就是在李·艾柯卡出生的这一年，他的父亲开了一家热狗店。对于一个没有多少钱的家庭来说，这是个不错的生意，虽然利润不多，但毕竟它的成本不高。

2. 相亲相爱的一家人

　　伟大作家列夫·托尔斯泰曾说过："幸福的家庭总是相似的，不幸的家庭却各有各的不幸。"幸运的是，李·艾柯卡拥有一个相亲相爱的幸福家庭。父亲尼古拉、母亲安托瓦妮特、姐姐迪尔玛和他，一家四口就像是人体的四肢，缺少了哪一个都是不健全的。

　　艾柯卡的父亲是个闲不住的人，起初他每天忙着经营自己的热狗店，后来又买下了一家出租车公司搞运输。同时，他还经营着好几家电影院。他甚至还涉足了房地产业。虽然他每天的事情多的都做不完，但无论多忙，他都会忙里偷闲，抽出一些时间来陪艾柯卡他们。

　　艾柯卡和父亲的关系非常亲密，无话不谈。艾柯卡从小就喜欢与父亲分享自己的喜悦，每当他取得一项成就，他就会立刻告诉父亲，让父亲与自己一同分享成功的喜悦。他非常享受这种分享的喜悦，为了能尽可能多地与父亲分享自己的喜悦，他做每件事的时候都会非常卖力。

　　艾柯卡所取得的每一个成就都让他的父亲感到很欣慰。他的父亲也很爱与他分享成功的快乐。每次收到艾柯卡的捷报，父亲都会很自豪地传达给他的那些朋友。艾柯卡觉得，很多时候自己的成功所带给父亲的喜悦要远比带给自己的多。

　　虽然在美国已经生活了很多年，但艾柯卡的一家仍保持着很多意大利人的习惯，他们不愿意掩饰自己的感情。他的父母无论是在家里还是在公开场合，都不会隐藏自己的感情，甜蜜的亲吻和拥抱是他们相互传达爱意的常用方式。据艾柯卡讲，他大部分的朋友从不拥抱他们的父亲，以免使自己看起来很软弱或不独立，但他却不同，在任何场合，只要有机会，他都会去拥抱和亲吻自己的父亲。对此他并不觉得有什么不妥，相反，他觉得没有什么事情比这个更自然了。

艾柯卡的母亲是位典型的移民母亲，非常勤劳勇敢和充满爱心。无论在什么经济条件下，她都会尽她所能地为一家人奉上可口的饭菜。艾柯卡对母亲的厨艺一直很钦佩，称她做的意大利菜是世界一流的。尽管后来的艾柯卡变得非常成功，几乎吃遍了所有顶级餐厅的饭菜，但对他来说，最美味的菜始终是母亲做的鸡汤炖牛肉丸和意大利乳酪馄饨。

艾柯卡的父母非常热情友善，经常在家里举行聚会，用美味的食物招待亲朋好友。但更多时候，是一家人聚在一起，边享受母亲做的美食，边听父亲讲生意上遇到的一些有趣的事。饭后，一家人或读读书，或收听全家人都爱听的节目。当然这种场景并不是每天都有，往往只限于周末，毕竟艾柯卡的父亲是个大忙人。

家人间的相亲相爱和相互扶持，使艾柯卡一家成功地度过了经济大萧条和一系列艰难险阻。事业成功后的艾柯卡，在被追问成功的秘密时，他总是说："我懂得了一个亲密无间的家庭可以给人以力量；我懂得了奋斗，即使在时运不济时；我懂得了不可绝望，哪怕天崩地裂；我懂得了世上没有免费的午餐；我懂得了辛勤工作的价值。"拥有亲密无间的家庭在艾柯卡看来，是他成功的首要秘诀，也是他事业进步的力量源泉。

3. 勇敢面对经济大萧条

在艾柯卡小的时候，他们家的经济条件时好时坏，随着美国国家的经济状况而起伏不定。

20世纪20年代，只要肯努力，钱就很好赚，许多穷小子都在那个时候发了家。艾柯卡的父亲尼古拉在20年代移民到美国，这个充满心计、踏实肯干的穷小子，很快就积累到了他人生的第一笔财富。他除经营一家热狗店外，还开了家出租车公司。同时，他还拥有几家电影院和"富兰克林"戏院，而适时地进入房地产行业，更使他大赚了一笔。有那么几年，艾柯卡家确实过得不错，而且可以说是很富裕。

但很不幸，经济大萧条突袭了整个美国，它带走了很多人多年奋斗的成果。在这场大萧条中，艾柯卡一家也没能幸免，他们几乎失去了所有的财富。

20世纪30年代的这场经济大萧条，艾柯卡虽然亲身经历了，但印象并不是很深刻，毕竟那时他才六七岁。可他从家里保存的老照片中，却能找到一些有关家里的经济状况的蛛丝马迹。

艾柯卡的母亲是个摄影爱好者，她喜欢用相机记录下孩子的成长过程。艾柯卡发现六岁之前，照片中的他穿的都是绸缎鞋和绣花边的外套，手里拿的玩具还有一个是银百合。但1930年之后，照片中，他的衣服开始显得破旧，而且好像连续几年都没添置过新衣服。

在艾柯卡的印象里，经济大萧条把父母变得更繁忙了。父亲经常要忙到很晚才回家，母亲为了解决一家人的生计问题，曾到父亲的饭店帮忙，还做过服装厂的女工。艾柯卡的父母都是乐观坚强的人，他们坚信，在新大陆这片热土上，只要肯努力，就能找到财富，所以他们一直满怀希望地在大萧条中奋斗着。

幼小的艾柯卡在经历了家庭的这场巨变后，变得成熟了许多，他开始懂得要想过上美好的生活，就必须付出辛勤的努力。差不多在10岁的时候，他就开始谋划着赚钱了。放学后以及周末，他都会和一些小朋友一起，推着红色的手推车等候在超市门口，为购物出来的客人运送东西。

随着大萧条的结束，他们家的经济状况也慢慢地好转起来，财富重新回到了勤劳者的手中。艾柯卡的父母通过几年的奋斗，又积累起了一笔财富，全家人重新过上了富足的生活。但好景不长，经济大萧条又一次席卷了整个美国，当然也没放过艾柯卡家。父母几年来辛苦积累起来的财富，仿佛在一夜间就又都失去了。

这次大萧条对艾柯卡父亲的刺激更大，在他心里始终遗留着阴影。他曾对艾柯卡说：要好好学习，弄明白什么是"经济大萧条"。他自己没上过几年学，没有能力去理解和预知"经济大萧条"，他说："如果有人告诉我什么是'经济大萧条'，我就不会把自己的产业一个一个地又抵押在第二次经济大萧条上了。"

经济大萧条在艾柯卡幼小的心灵上留下了挥之不去的阴影，将他变成了唯物主义者。在他大学毕业时，谈到自己的人生观，他说："所谓的哲学对我来说毫无意义，我的人生目标是在25岁时拿到1万美元的年薪，然后成为百万富翁。"他对那些装点门面的学位不感兴趣，他只想着如何才能赚到更多的钱，如何才能更快地发财致富。

经济大萧条时期，全家人朝不保夕、捉襟见肘的生活经历使他对金钱格外地珍惜。直到今天，虽然他已是白手起家的富翁，但他还会把大部分的收入储蓄起来，做些很稳定的投资。他坦言自己这么做并不是因为害怕成为穷人，而是因为在自己内心深处始终遗留着童年时的阴影，挥之不去。他总是担心经济大萧条会再度来临，使得家人不得温饱。

艾柯卡也是个非常勤俭的人，他对浪费深恶痛绝。当领带由流行窄边转为流行宽边时，他会把所有的窄边领带都收起来，等着流行式样再回头。他也不能忍受随意抛弃食物或把吃剩的半个牛排丢进垃圾桶里，他认为那简直是在暴殄天物。他不仅自己非常勤俭，还将这种忧患意识教给他的两个女儿，结果他发觉他的教导非常成功，除非是遇到很合算的物品，否则她们绝不肯打开自己的钱包。

艾柯卡的父亲曾要求艾柯卡弄明白什么是"经济大萧条"，所以他在大学时学习了经济学。在福特及克莱斯勒的时候，他又学习如何应付不景气的局面，但他知道在这方面他早就受到过启蒙教育，那就是在他幼年时期，他父母勇敢应对经济大萧条的经验。

4. 父亲的生意经

艾柯卡的父亲是个商人，头脑灵活，总能在生活中找到赚钱的商机。他从事过餐饮业、运输业、电影业，还涉足过房地产业。

艾柯卡的父亲从小就教育艾柯卡，一定要记住经营的两条原则：第一，绝对不做需要投入太多成本的生意，否则，你迟早会被银行吃掉；第二，如果经济进入低迷期，生意难做，日子不好过的话，就投身餐饮业，因为无论经济状况如何，人总是要吃饭的。

1952年，美国经济再次进入低迷期，经济大萧条迫使许多工厂倒闭，艾柯卡所在的福特公司也在大规模地裁人，身为区域销售经理的艾柯卡虽未被裁掉，但职务还是被降低了。那时他曾慎重地考虑过，自己是不是应该离开福特公司转行开食品连锁店。福特经销商的经营就像是独立的连锁店，这给艾柯卡一个启示，让他觉得搞食品连锁可以很快地致富。为此，他还作过周密的计划。他的计划是利用一家食品店作为中心供应站，在中心供应站下设10家连锁分店来销售中心生产的快餐。

在这一点上，艾柯卡可谓走在了快餐业的前端，但遗憾的是，很快福特公司又将艾柯卡官复原职，艾柯卡也就将自己进军餐饮业的计划搁置了。后来，看到全球最大的快餐连锁店麦当劳的生意如此红火，艾柯卡就在想自己是不是错过了一辈子最难得的发财机会。他敢肯定在他构想食品连锁店的时候，麦当劳连锁店的创始人——克洛克脑子里还没闪过这样一个发财的主意。他曾打趣说，如果自己当初从事了食品连锁业，说不定现在已有5亿美元的身家，前面还摆个牌子：售出100多亿个汉堡。

不过几年后，他的确在阿伦敦开了一家餐饮店，卖三明治和费城乳酪牛排（薄片牛排加意大利乳酪卷）。是他出资金，他父亲负责经营。结果非常成功，第一年他们就赚了12.5万美元。艾柯卡说这家食品店首次让他对美国的所得税和累进税制有了一些认识，同时，收入的剧增也使得他千方百计地想法子避税。

艾柯卡还曾调侃说自己从事食品业比从事汽车业早得多。他说早在他10岁的时候，阿伦敦有一家美国最初期的超市。每天放学后，他都会和一些小朋友推着红色的手推车排队站在超市的门口，就好像出租车排队停在宾馆门口一样。每当购物者购物完出来时，他们就会跑过去替他们运送大包小包的东西，从而赚取一点儿小费。艾柯卡称这是食品运输业，是自己从事的最早的行业。

经济大萧条夺走了许多人的劳动成果，也给他们上了一课，让他们学会了更踏实地经营自己的事业和生活。

在大萧条的那段时间，因为余额不足，艾柯卡的父亲所开出的支票曾经不止一次地被退回。这对一个视诚信为做人和立业之根本的人来说，是多么痛苦啊，他曾为此整天地惶恐不安。在艾柯卡稍大一点的时候，他就一再告诫他一定要"量入为出"，切不可"寅吃卯粮"，超前消费。艾柯卡的父亲还认为信贷会让人在不知不觉中成为银行的奴隶，背负起他们无法承受的债务。因此，在他们家，他不允许任何人使用信用卡买东西，无论银行和商场如何鼓动大家使用信用卡。

对于父亲的这种做法，艾柯卡深表敬佩，他认为他的这个想法完全超越了他的那个时代。艾柯卡的父亲曾预言，使用信用卡买东西会逐渐削弱人们对金钱的责任感，超前消费在所难免，但这种刷卡消费的趋势不可避免，且在日后会大大普及开。他还断言长期施行这种松散的信用制度，必将给整个社会带来灾难。

艾柯卡的父亲还经常告诫艾柯卡和他的姐姐："即使在学校里向小朋友借两毛钱，也要把它写在纸上，一定不要让借钱忘还的事情发生在自己身上。"

对于父亲的教诲，艾柯卡从未忘记过，而且也愿意奉行，但有时候他所处的现实逼得他不得不先将父亲的教诲放一边。1981年，为了拯救克莱斯勒，他曾被迫向政府贷款。事后，他常想假如父亲当时还活着，听到自己要贷款的消息，他会不会大发雷霆。但有一点他知道，即使不用笔记下那笔贷款，他也会牢牢地记着的，因为那笔贷款可比两毛钱大多了——12亿美元，而且是他千辛万苦才争取到的。

5. 人生的导师

艾柯卡认为他的父亲是个天生的哲学家，他讲过的很多话都可被当作至理名言。他认为父亲讲过的最经典的一句话就是："人生有顺境也有逆境，每个人在生命旅途中都必须承受一些悲伤与痛苦，而且唯有经历了痛苦才更能了解快乐的珍贵。"每当艾柯卡在学校考试考砸了，或者事业上受到挫折时，他就会用这句话来激励自己。

艾柯卡的父亲是个乐观主义者，他相信无论面对的是什么样的困难，只要肯努力，肯诚心信奉上帝，人们都可以战胜它们。因此，他总是满怀信心，笑对人生。他最不喜欢看到的就是家人不开心的样子，他总会想办法让大家都快乐起来。每当艾柯卡闷闷不乐的时候，他就会问艾柯卡："告诉我，你上个月最担心的事情是什么？你去年最担心的事情又是什么？看，你根本记不得了！或许今天让你烦恼的事情也并不像你想象的那么糟糕，忘了它吧，去迎接新的一天！"

无论遇到多大的困难，艾柯卡的父亲始终保持着一颗乐观的心。他也教育艾柯卡绝对不要向绝望投降。每当艾柯卡在事业中挣扎时，他总会向父亲寻求支援，而父亲每次都会告诉他："你要耐心地等待，太阳总会重新升起的，而且一定会。"父亲的劝勉仿佛是一道劈开黎明前的黑暗闪电，让艾柯卡能够看到未来，能够顽强地坚持下去。

艾柯卡承认，他有时候也会忘记父亲的话。在1981年，他曾不止一次绝望地准备放弃，他当时认为克莱斯勒已没有了复兴的可能，破产是它必须面对的命运。他忘记了父亲那些鼓励的话，常常在心里绝望地呼喊着："太阳在哪里？太阳在哪里？"

艾柯卡的父亲在12岁的时候来到美国，当时的他一贫如洗，靠给别人做学徒、打零工过活。他的成长经历告诉他，无论做什么工作都必须有颗敬业之心，唯有兢兢业业地做好自己的事情，才能取得成功。对自己的孩子，他也有这样的要求，他常常告诫艾柯卡和迪尔玛，对自己做的工作一定要上心，要有敬业精神，否则就不要做了。

艾柯卡记得有一次一家人去餐厅吃饭，那家餐厅有一名服务员的服务态度不是很好，这让他的父亲感到很不愉快，在用完餐后他把她叫了过来。他说："我会给你你应得的小费。但我想知道为什么你在为大家服务时表现得那么不情愿？是有人强迫你来上班的吗？你老板着脸等于在告诉别人你不喜欢这个工作，我们来这里用餐就是想享受愉快的用餐环境，结果因你的无礼而兴致全无。假如你愿意做服务员，你就应该立志做个最优秀的服务员，要不然就改行。"

在他自己的餐厅里，如发现服务员对客人无礼，他就会当场辞退她。他认为无论一个服务员多么优秀，只要她不能礼貌地对待客人，尽心地为客人服务，她就是不敬业，就不配从事服务这个行业。父亲的这种敬业观深深地影响了艾柯卡的人生观和价值观，艾柯卡在他的职业生涯中始终保持着兢兢业业的敬业精神，对自己的工作从未三心二意过。他一直认为高工资代表着高付出，所以他的职位越高，得到的报酬越多，他就会对自己的工作越认真负责。

艾柯卡的父亲是个很会享受人生的人，他也时常提醒艾柯卡工作不是人生的全部，要学会合理安排自己的生活。艾柯卡的父亲经营着多项事业，每天都有一大堆事情要处理，但不管他的工作有多么繁忙，他都会给自己留出一些休闲的时间。与朋友一起打打保龄球、玩玩扑克牌，举行一些聚会，享受美酒佳肴，他繁忙的生活依然多姿多彩。他还特别喜欢交朋友，他与艾柯卡的许多同事都成为了好朋友，艾柯卡甚至觉得他父亲认识的人比他认识的都多。

艾柯卡的父亲就是这么一个乐天派，即使在人生的最后那几年中深受着白血病的折磨，他仍然可以让自己每天过得开开心心的。日渐羸弱的身体迫使不得不减少跳舞、喝酒的次数，但他的生活并没有因此而变得平淡无味。

父亲去世后，艾柯卡每次回想起他，总会被他的大无畏精神和无穷精力所折服。艾柯卡回忆说，有一次他去棕榈泉主持福特公司的经销商会议，顺便带着父亲去度几天假。会议结束后，艾柯卡约了几个朋友去打高尔夫球。艾柯卡的父亲从未打过高尔夫球，在被邀请参加时，他仍欣然同意了。

高尔夫球是一项高雅的运动，人们的动作都会尽量表现得高雅舒缓。但艾柯卡的父亲则不然。每当他打出去一个球，他都会像个孩子一样兴奋地追着球满场跑，全然不顾自己70岁的高龄。艾柯卡很担心父亲的身体，也不想让父亲在朋友面前丢脸，他就提醒父亲说："爸爸，慢着点，高尔夫球是走路的游戏。"但他父亲才不顾虑这些，他说："能跑的时候为什么要走呢？"

对啊，能跑的时候为什么要走呢？艾柯卡的父亲用自己的行动告诉他，无论要做的是什么事情，都要做到最好、最有效，要全力以赴，不要让外界的环境阻碍了自己的脚步。

古人云："父母之爱子，则为之计深远。"艾柯卡的父亲用他的行动向艾柯卡传授了人生的智慧。对于父亲传授的这些智慧，艾柯卡一直谨记在心，每当遇到不顺心的事，他都会从父亲的这些教导中寻找力量。

第二章 成长中的少年

"正确的想法和习惯必须在人生早期培养，否则必是积习难改。"

1. 被孤立的孩子

每一个生活在美国这片土地上的人都为她的繁荣富强付出了辛勤的汗水，但她给每一个付出者的回报却是不同的，不公平现象始终存在着。在20世纪四五十年代的美国，受歧视的不仅仅是黑种人，那些来自其他国家的移民也受着不同程度的歧视。

在11岁之前，艾柯卡只知道自己与周围的人不同，他算不上地道的美国人。他知道自己一家人是来自美国以外的某个国家，但具体是哪个国家他并不清楚。直到有一天有人冲着他叫意大利佬，他才知道原来自己一家人来自意大利，是意大利人。但他那时还小，并不能理解"意大利佬"这个称呼所包含的歧视意味，他甚至还趴在世界地图上想找出"意大利佬"这个地方。

阿伦敦是个移民聚居地，在这里生活着来自好几个国家的人，但大部分是来自荷兰的人。各个国家的移民在数量上的不平衡，也导致了歧视的出现。艾柯卡一家作为少数移民群体，一直受着当地荷兰移民的歧视和欺负。为了让孩子有个快乐的童年，艾柯卡的父母决定尽量少告诉艾柯卡和他的姐姐关于他们祖国的事情。11岁之前的艾柯卡不知道自己是意大利人，11岁时，他虽然知道了自己的祖国，但也不愿意向其他人公开，因为他深知被歧视的痛楚。

虽然艾柯卡的父母很小心地保护着自己的孩子，但小时候的艾柯卡还是因为与众不同而受了不少欺负。面对嘲讽，他有时候会忍不住抡起拳头教训教训对方，但他不会傻乎乎地蛮干，他始终记着父亲的教导："你可以教训那些欺负你的人，但如果挑衅者比你的块头大，就不要还手，要用头脑而不是拳头来击败他。"

面对来自同龄人的歧视，艾柯卡还能忍受，因为他有时候可以用自己的拳头来摆平他们。但他所受的歧视远不止于此，就连学校里的某些老师也对他怀有歧视，常常在暗地里叫他"小意大利佬"，这给艾柯卡幼小的心灵带来了巨大的创伤。

每个民族都有属于自己民族的盛大节日，每当提起那些节日，人们往往都会兴奋不已，但在艾柯卡心里，圣安东尼日是他不愿提起的，因为那个节日带给他的伤害太大了。6月13日是圣安东尼日，这天对意大利人来说是个大日子。艾柯卡的母亲名叫安托瓦妮特，而艾柯卡的中间名就是安东尼，很多意大利人都会给孩子这么起名，以此来为孩子祈福。每年的6月13日，艾柯卡家都会举行一个盛大的宴会，邀请亲戚们一起共享美好时刻。

1933年的圣安东尼日，对艾柯卡来说，是一辈子都不会忘记的日子。那一年，他9岁，上三年级。

每年的圣安东尼日，都是艾柯卡的母亲最繁忙的日子，因为在这天她要亲自为一大家人准备丰盛的晚宴，还要烤比萨饼，那年也是如此。她认为在圣安东尼日不吃比萨饼，就不能算过节。艾柯卡觉得母亲做的比萨饼非常棒，绝对可以和顶级的比萨饼大师做的比萨饼相媲美。

小艾柯卡每年都很盼望圣安东尼日的到来，因为除了美味的食物和比萨饼外，他还可以享受到一些平时享受不到的特权——喝少许啤酒。虽然平时艾柯卡的父母也允许他喝几口酒，但那都是自家酿的红酒。对于不满10岁的小朋友来说，喝啤酒简直是件了不起的大事情。艾柯卡的父母不像其他孩子的父母那样，禁止孩子做这做那，他们允许艾柯卡喝酒，但会严格监督他。艾柯卡想也许正是因为父母的这种管教方式，才使他在高中和大学时期没有像其他孩子那样沉迷于酗酒。

今天的美国，到处都可以看到比萨饼店，比萨饼与汉堡和炸鸡一样，已成为了美国人最喜爱的食物。但在1933年的时候，情况可不是这样的。那时除了意大利人外，几乎没人知道比萨饼是何物。

那年的圣安东尼日，艾柯卡过得很开心，第二天早上，他就迫不及待地向他的同学们炫耀开了："告诉你们一件天大的事！昨天晚上我们家举行了一个盛大的宴会。"

"真的？什么样的宴会？"他的同学都好奇地问。

同学的好奇心让艾柯卡更兴奋了，他提高嗓门回答："比萨饼宴会。"

大家一听到"比萨饼宴会"这个词，就哄堂大笑起来："比萨饼宴会？比萨饼是什么东西啊，听起来怎么那么土里土气的呢？"

艾柯卡听到大家嘲笑的话，非常不甘心，他很想把比萨饼介绍给他们，于是就说："等等，伙计们，你们不知道什么是比萨饼，但你们不是都喜欢吃派吗？比萨饼就是一种派，不过它是用番茄做的。"

解释完后，艾柯卡又感到有些后悔了，他觉着他实在应该早些住口才对。他知道经他这么一解释，他的那群同学就又多了个嘲笑他的把柄。艾柯卡知道他们根本不想知道什么是比萨饼，因为他们觉得只要是意大利人发明的东西，就一定不是什么好东西。

孩子总是健忘的，经过一个漫长的暑假，那群嘲笑艾柯卡的同学差不多都将比萨饼事件忘得一干二净了。但艾柯卡永远都不会忘记的。对那些吃着松软的派饼长大的家伙，他从未讥笑过他们，他也并不觉得比萨饼比蜜糖派差。今天的美国街头，比萨饼店随处可见，而蜜糖派店却很少见，这对成年后的艾柯卡来说，也是一种安慰，但对于一个9岁的小孩来说，即使当时就知道自己走在了潮流的前端，他的那颗被孤立的心灵也不可能得到多少安慰的。

艾柯卡并不是班上唯一被欺侮的小孩，除了他之外，还有两个犹太小孩。因为同病相怜，艾柯卡与他们相处得非常好。他们一个叫华莎，是个犹太女孩，成绩在班上始终排名第一，而艾柯卡只能屈居第二。另外一个是个小男孩，他出生于正统犹太教徒家庭，随时都戴着一顶黑色小帽，在阿伦敦，他们家是受歧视最严重的一家。

除了艾柯卡外，其他的同学都不愿意与他们玩，见到他们两个就像是见到了麻风病人一样，躲得远远的。以前的艾柯卡不明白，虽然自己也常常遭到其他小朋友的歧视，但自己还是有几个朋友的，但为什么大家会那么孤立他们呢？到三年级以后他才渐渐明白，原来在那些人看来，意大利小孩是比犹太小孩高一等的。虽然如此，但也好不到哪儿去，他们照样对艾柯卡抱有歧视。

小时候受到歧视给艾柯卡留下了难以愈合的创痛。成年后的艾柯卡发现，这种歧视依然存在着，而且情况变得更糟糕了。歧视他们的不再是不谙世事的学童，而是有权有势、能决定他人命运的人，在汽车界，当然就是那些有权有势的大亨了。艾柯卡曾在1981年任命杰拉尔德·格林沃尔德为克莱斯勒的副董事长，因为他知道杰拉尔德的才华，他相信杰拉尔德完全可以胜任此职。后来艾柯卡才知道，这项任命使他开创了一个汽车界的先例：杰拉尔德是第一个升任三大汽车公司高级经理的犹太人。是因为在这以前没有犹太人有资格荣登此位吗？艾柯卡才不相信呢。

2. 竞选学生干部

少年时被歧视的经历使艾柯卡学会了隐忍和出奇制胜，而在学校里的某些经历又迫使他比同龄人早熟许多。

艾柯卡记得在他上小学六年级的时候，学校要在学生中选举纠察队长。纠察队员的肩上都佩有白灰相间的条带，看上去神气得很。纠察队长和副队长的制服则更特别，而且他们还可以在胸前佩戴徽章。小学时代的纠察队长是很受同学们追捧的，就像高中时期的橄榄球队队长一样，风光得很。艾柯卡很想穿上纠察队长的制服，便决定去参加竞选。

为了在选举中取胜，他作了非常多的努力，但结果却让他非常失望，他以20票对22票落选了。当时艾柯卡的心情很糟糕，但他知道自己必须尽快从失败的情绪中走出来。于是，在落选的第二天下午，他就去看周六下午场的电影。在看电影时，他发现在他前排坐的是他们班上长得最高大的那位同学。在艾柯卡发现他时，他也刚好发现了艾柯卡，于是，他转过身来一脸嘲讽地对艾柯卡说："傻瓜，你落选了。"

落选后的艾柯卡心情本来就不好，又受到这样的嘲讽，让他更感到崩溃。于是，他气愤地质问他的那位同学："我是输了，但你为什么骂我是傻瓜？"

他的那位同学耸了耸肩说："因为班上只有38个人却有42张票。你连最基本的加法都不会吗？"

艾柯卡这才恍然大悟，原来他的对手作弊，多投了好几张票。艾柯卡对这次选举的失败很不甘心，于是，他回到学校，把事情的真相告诉了老师，但老师却让他忘了这件事，不要再声张，她可不愿因为他而生出许多风波来。这件事对艾柯卡的触动很大，艾柯卡说这是他第一次深深地体会到人生并不总是公平的，当这种不公平降临到自己身上时，自己只能忍耐。这也许就是为什么在面对亨利·福特的一再侵犯时，艾柯卡会一再地退让了。

艾柯卡的成绩一直很优秀，数学更是一流，得的都是优。但在艾柯卡看来，单单学习成绩优异是不够的，他还要充分挖掘自己的天赋。于是，在学习之余，他参加了许多课余活动。他曾是学校话剧社和辩论社的骨干力量。

上七年级时，他迷恋上了爵士乐，他的爵士舞跳得也非常棒。他曾去阿伦敦的帝国舞厅和宾夕法尼亚州波茨敦的阳溪舞厅为客人跳过舞。赚了钱以后，他有时候也会跑到纽约的宾夕法尼亚旅馆或庞普登路上的草溪夜总会去玩。在那段时期，音乐几乎成了他的生命，对于热门的音乐杂志，他每期必看，他还能叫出每一个有名乐队成员的名字。

他还擅长吹萨克斯管，而且吹得非常棒，就连学校乐队都主动请他去做第一喇叭手。尽管他如此痴迷于音乐，但为了"政治"，他毅然放弃了自己心爱的音乐：他希望在上七年级和八年级的时候可以当班长，结果他如愿了。

两年班长的经历，让艾柯卡觉得他已具备了从政的经验，于是，他决定在九年级的时候竞选全校学生会主席。他的好友吉米主动请缨做他的竞选策划人。吉米非常聪明，他为艾柯卡设立了竞选机构，组织了许多拉票活动，结果使艾柯卡获得了压倒性的胜利。这次竞选的大获全胜，让艾柯卡兴奋不已，觉得在学校里自己已算是头等人物。

过度膨胀的自我满足感让艾柯卡渐渐与自己的选民疏远了。趾高气扬地到处炫耀，完全忘记了自己是怎样坐上学生会主席这把交椅的。那时的他还没明白沟通比一切都重要。一旦与自己的支持者割断了沟通的纽带，那他就会被支持者抛弃。

果不其然，在第二学期的初选中，他就被淘汰了。这次落选对他的打击比第一次要大得多，毕竟第一次的落选是由他人造成的，而这次，则是他自己葬送了自己的机会。他为了进入学生会而毅然决然地放弃了音乐，但他却忘了待人友善才是最重要的。这次的失败也给他开启了一扇智慧之门，让他对领导的艺术有了初步的认识。

除了这两次失败的竞选之外，艾柯卡觉得他的学生生活还是很愉快的。他学习用功，成绩优秀，加上平时积极地表现，这使得他在许多老师那里很受宠爱。如果被问起他上大学或研究生时老师的名字，他可能支支吾吾地说不出几个，但当被问起他的中小学老师时，他却可以说出一大堆老师的名字。

回忆起自己的中小学生活，他觉得他最大的收获就是学会了表达自己。他九年级的老师罗伯特小姐教会了他如何利用写作来表达自己，还教会了他如何进行即席演讲。

罗伯特小姐经常拿《读者文摘》上的词汇游戏来对艾柯卡他们做当堂测验，这使艾柯卡养成了阅读每一期《读者文摘》中词汇测验的习惯，而且这种习惯他一直保持着。

在念大学以前，艾柯卡在阅读、写作和公开演讲等方面就已经打下了坚实的基础，他也为自己拥有这些技能而深感自豪，他认为这些技能是一个人创造远大前程的必备条件。

当他的孩子向他咨询选择课程之类的事情时，他总会劝她们多读书、多写作，一定要把文学根基打好。虽然他知道，在美国，人们往往把学习历史看得比学习文学重要得多，但他始终觉得记没记住那些与南北战争有关的时间和地点并不重要，重要的是要培养出孩子们阅读和写作的能力。

尽管艾柯卡参加了许多课外活动，但在毕业时，他的成绩在九百多人中仍能名列第十二。当艾柯卡满怀喜悦地把自己的排名告诉父亲时，他父亲的第一反应却是："你为什么没考第一呢？"那口气仿佛是听到自己的儿子考了个倒数第一，被学校留级了一样。由此可见他对艾柯卡的期望是多么的高了，在他的心里，艾柯卡永远都应该是最棒的。

3. 未能参军的遗憾

1939年对艾柯卡来说，是他人生的一个转折点。那一年，他患上了风湿热。在那个年代，风湿热是一种很可怕的疾病，它很可能会致人死亡。为了消除身体各个关节的炎症，患有风湿热的人必须得吃桦皮丸。桦皮丸是一种酸性非常强的药，为了不让病人出现呕吐症状，医生每隔15分钟就会给病人服用一次止酸丸。艾柯卡在患风湿热期间，每天几乎都是在忙着吃药。

风湿热对心脏有着潜在的威胁，不过艾柯卡非常幸运，尽管他的体重掉了40磅（1磅约等于0.45千克），但他还是彻底地从风湿热中康复了过来。他永远都不会忘记那些关节固定板，医生用那些固定板来减轻病人膝盖、脚踝、胳膊肘和手腕关节的剧痛。这种原始的治疗方法对减轻关节的疼痛的确有一定的效果，但它也有相当严重的副作用，那就是让人感到自己的皮肤就像是在被灼烧一样疼痛。

在生病之前，艾柯卡经常与同学一起打棒球，他是个棒球好手。和其他年轻人一样，他也有着成为职业球员的梦想。但这场大病让他不得不放弃体育运动，转而开始玩象棋和桥牌，而且他还喜欢上了打扑克牌。他认为这个游戏可以让人学会如何去利用机会，如何适时放弃，如何抓住时机吓唬人。艾柯卡从打扑克牌中学到的这几招，在他日后与工会艰苦谈判的时候都派上了用场。

风湿热带给艾柯卡的不仅仅是痛苦的回忆，还使他养成了读书的习惯。风湿热让艾柯卡卧病在床6个月，6个月中，他每天都得经受身体的剧痛。在那种难熬的环境中，如果不为自己培养出点兴趣来忘却痛苦，那日子简直没法过。

在卧病在床的那段时间，艾柯卡疯狂地爱上了阅读，他会迫不及待地阅读手上拿到的任何东西。作为一个正处于青春期的少年，那时的艾柯卡特别喜欢读约翰·奥哈拉的小说，他的姑妈曾带给他一本约翰写的小说，名字叫《相约萨马拉》，这本书在当时被看作是色情书籍，许多父母都严禁孩子们读它。但艾柯卡的姑妈是个非常开放的人，她觉得艾柯卡应该多了解些两性之间的事。

当艾柯卡的医生在他的床头看到那本书时，非常生气，他责怪艾柯卡的父母监管不力，认为对一个心脏衰弱的年轻人来说，看这种书简直就是在摧残那原本就已经很脆弱的生命。

在艾柯卡成功之后，有很多记者慕名去采访他，有个记者提到了《相约萨马拉》这本书，但这名记者认为它是一本讲企业管理的小说，于是就问艾柯卡："这本关于企业管理的小说对你日后选择事业是否产生了重大的影响？"这让艾柯卡感到很尴尬，也对那位记者的无知感到无奈。他心想："天哪！绝对没有！这本书对我唯一的影响就是使我对性产生了兴趣。"

在艾柯卡念高三的时候，日本突袭了珍珠港。罗斯福总统号召美国的青年去参军，他的演讲非常有感染力，使所有的美国人都有了同仇敌忾的感觉，一夜之间，整个美国都清醒过来了，整个国家也都团结了起来。那次危机让艾柯卡懂得了：唯有灾难降临的时候人们才会真正地团结起来。

与所有的年轻人一样，艾柯卡也迫不及待地想入伍参军，保卫祖国。但因为他得过风湿热，他的体格被评为戊等缓役，这使得他不仅不能参加空军，就连陆军也不要他，尽管当时他的身体已恢复了往日的健康。两年后，艾柯卡为了买人寿保险作了次身体检查，为他作检查的医生很疑惑地问他："像你这么健康的年轻人为什么没到海外作战？"医生的质问让艾柯卡感到很羞愧，也很无奈，他又何曾不想呢!

人们都说福祸相依，一点儿都不假，那场几乎置艾柯卡于死地的风湿热，却也挽救了他的性命。在罗斯福总统的感召下，艾柯卡的大部分同学都应召入了伍，到海外去与敌人作战，但不幸的是，他们大多战死在了战场。每当艾柯卡翻阅他高中的毕业纪念册时，都会感慨万千，他知道他的那群高中同学是为了保卫民主才战死沙场的，他为他们感到自豪。

没有亲身经历过第二次世界大战的人，是无法完全了解那种在国家最需要你的时候，而你却无力报效它所产生的内疚感的。这种未能参军的内疚感始终伴随着艾柯卡，让他遗憾终生。那时的艾柯卡，浑身都是劲，都是胆，他特别想成为一名飞行员，驾驶着轰炸机直接飞到德军的总部，将希特勒和德军炸个粉身碎骨。

4. 充实的大学生活

在国家最需要自己的时候自己却未能为国家效力，这让艾柯卡觉得很遗憾，很不光彩，甚至觉得自己是个二等公民。他周围的朋友和他的同学，大都应征入伍，和德国人打仗去了，这让艾柯卡产生了一种罪恶感，仿佛全美国只有他一个年轻人没有去参战。除了潜心苦读，他实在找不到更好的赎罪方式了。

高中时代的艾柯卡就表现出了对机械工程的兴趣和特长，高三的时候他就开始关注那些以工科而闻名的大学。他最向往的大学是普渡大学，于是他最先向它申请奖学金，结果对方没有批复，这让他失望了好一阵。加州理工学院、麻省理工学院、康奈尔大学和里哈伊大学也都有一流的工学院，在经过一番比较之后，他最终选中了里哈伊大学，因为里哈伊大学离他家最近，仅需半个小时的车程。

里哈伊大学隶属于一家钢铁公司，它的冶金系和化工系享誉世界。里哈伊大学有着非常严厉的校规，对学生实行淘汰制。学生在上大一或大二的时候，如果在学期末的成绩不能达到学校的要求，学校就会毫不留情地开除他们。培养一流的人才是这所学校的宗旨，它可不容许自己的学生在学校里混日子。

大一的时候，艾柯卡一周要上六天的课，其中包括一门统计课。统计课在周六早上8点上课。期末考试时，这门课有好多人都挂了，而艾柯卡却得了个A。艾柯卡说这并不是因为他的统计学得特别好，而是因为他每周都会准时去上课。那些挂科的同学大都是因为周五晚上狂欢过度，而一觉睡到大中午，耽误了上统计课。

学习勤奋努力，成绩优秀，并不代表艾柯卡的大学生活会枯燥。完成了那一堆课业之后，他也会给自己安排些娱乐活动，譬如看足球赛、参加啤酒聚会等等。他偶尔也会去纽约和费城那些繁华喧闹的地方，在那里他还交了好几个女朋友。

随着二战形势的严峻，艾柯卡的玩性也越来越收敛了，背负着未能参战的遗憾，他怎么可能玩世不恭呢。艾柯卡从小就养成了一个很好的习惯，放学回家后的第一件事就是去做作业，玩的时间则被安排在晚餐以后。迈入大学以后，他也可以很好地控制自己，不受他人的干扰。他通常会对自己说："从现在开始，以后的3个小时内我要专心读书，3个小时后我就把功课丢到一边，去看电影，去做任何我想做的事。"

哈佛商学院是培养管理人才的摇篮，但它却无法教学生如何对他们要处理的事务进行先后排列，也无法教会他们合理地管理自己的时间，这些生活中的好习惯必须靠自己来培养。艾柯卡认为能专心并且充分利用时间对一个想要成功的人来说非常重要，甚至可称作是成功的必备因素。

艾柯卡的生活习惯非常有条理，甚至看上去很呆板，但正是他的这套习惯成就了他，也使他做到了事业和家庭两不误。从上大学的那天开始，他就要求自己在周一到周五的工作日里努力工作，而周末的时间要留给家人或娱乐，尽量不处理公务。艾柯卡一直奉行着这套生活习惯，除非真的有急事不得不处理，否则他很少在周五晚上和周末工作。直到周日夜晚来临，他才会重新打开自己的公文包，打起精神来，制订下周的工作计划。

艾柯卡非常看重人的时间管理能力，他崇拜努力工作的人，但对那种只知工作不会休息娱乐的人，他却不怎么欣赏。在福特工作的三十多年中，他碰到过许多疯狂工作的高级经理，每当听到他们骄傲地对他说："去年我工作非常努力，我没休一次假。"但艾柯卡并不买他们的账，他甚至很想教训他们："你们这些傻瓜，你们有能力负责一个8000万美元的工作计划，却不能在一年365天里计划出两个星期的休假时间，好好陪陪家人？"

艾柯卡认为正确的想法和习惯必须在人生早期培养，否则必是积习难改。

他说他在大学时能专心读书并非完全出自自愿。那个时候处于二战时期，他的同学越来越多地被征召入伍，班上的人变得越来越少。正常情况下，一个老师应教50个学生，而当时他们每人也只有大约五个学生，这样一来，艾柯卡的大学生活就变得非常有意义了，由50个人一起上课变成了5个人的研讨会，每个人都得到了老师的精心指导。艾柯卡觉得从那种学习环境中获益匪浅。

大多数的移民父母都会对能够幸运上大学的子女抱有很高的期望，以此来补偿自己未能上学的遗憾。艾柯卡的父母也不例外，尤其是他的父亲。他觉得艾柯卡有责任去充分利用学习的机会，有义务去考全年级第一名。但说来容易做起来难，对一个刚上大学的孩子来说，第一个学期是最艰难的。

大一第一学期的时候，艾柯卡没能获得院长奖，父亲立即就追问他是什么原因。他很难理解自己的孩子在高中时期一直表现得很优秀，而且毕业时还名列前茅，但为什么上了几个月的大学，就变得这么差了呢？他固执地把这归咎于是艾柯卡耽于玩乐而荒废了学业。艾柯卡无法让父亲明白大学是和高中截然不同的，里哈伊大学中的每一名学生都很优秀，否则他们根本就考不进去。竞争的层面不同了，竞争结果当然也会不同，虽然没拿到院长奖，但艾柯卡觉得至少自己没像一些同学一样被学校开除。

　　大一第一学期，艾柯卡之所以没拿到院长奖，不是因为他在学业上懈怠了，而是因为他的物理老师。艾柯卡的物理老师伯格曼教授是维也纳移民，口音特别重，这让艾柯卡很为难，他几乎听不懂他讲的内容。伯格曼教授是个了不起的学者，但他对大一新生没什么耐心，他总是匆匆忙忙地来到教室，上完课后又匆匆忙忙地离开，不给同学们留咨询的时间。更令人绝望的是，他的课还是机械工程系的必修课，没办法跳过去不选。

　　尽管艾柯卡的这门课学得不怎么样，但他和伯格曼教授的私人关系却不错。尽管他们有过几次交往，但艾柯卡仍觉得伯格曼教授的行踪很神秘。每星期在上完课后，他都会匆匆地离开学校，然后消失一周，直到下周上物理课的时候才能见到他。许多年之后艾柯卡才知道其中的缘由。原来除了在大学讲课外，伯格曼先生还有另一份工作。除了每周一节物理课外，他的剩余时间都会花在另一份神秘的工作上——进行"曼哈顿计划"，也就是在制造原子弹。

　　尽管艾柯卡与伯格曼教授的关系很亲密，但伯格曼教授给艾柯卡的物理课成绩仍然是D，一点都没徇私情，这也是艾柯卡在里哈伊大学得到的最差的一个成绩。

　　在高中时期，艾柯卡的数学很好，得的都是优，但大学里的高等微积分和微分方程却让他感到很吃力。于是，他从机械工程系转到了工业工程系，避开了他所不擅长的课程，不久后，他的成绩就表现出了明显的改善。

　　艾柯卡学习非常用功，4年的课程，他用3年就修完了。大四的时候，他就开始选修商业课程，如劳工问题、统计和会计学等。这些商业课程艾柯卡修得都非常好，全都得了A。在大学时期，他有一个目标，那就是拿到学业优等奖。学业优等奖的条件很高，要求大学四年成绩的总平均分要在3.5以上，结果艾柯卡的总平均分达到了3.53，如愿以偿地拿到了那个奖。

除了工程课程和商业课程外，艾柯卡在里哈伊大学还选修了四年的普通心理学和变态心理学。艾柯卡觉得那两门心理课的价值比他学的其他课程的价值都大，它们教会他如何成功地处理好与不同人的关系。正是得益于在大学里学习的这两门课程，才使得艾柯卡在事业上游刃有余，进步速度惊人。

在艾柯卡选修的两门心理课程中，有一门是要到精神病院上的。在精神病院里上的这门课主要是研究人类行为的基本模式。那个男人为什么总是做些古怪的事情？那个女人曾经受过什么刺激？为什么有的人明明已经一把年纪了，但行为还像个孩子？诸如此类的问题都是他们要解决的。这门课的期末考试形式也很独特，是将一群新的病人交给学生们，让他们在几分钟内对病人作出一个诊断分析报告。

经过4年的训练，艾柯卡能在很短的时间内看透一个人，即使不是完全看透，也八九不离十。在社会上，懂得如何识人非常重要，这种能力可以帮你找到你需要的人，也能帮你避开你不想接触的人。

虽然只需见一次面，艾柯卡就能看出一个人的很多品性，但他觉得有两种非常重要的品性是不能仅仅通过一次见面就能断定的：一是一个人的勤奋程度，另一个是人的决断能力。他认为人的这两种品质很重要，因为一个人成熟与不成熟就体现在这两个方面。

艾柯卡读大学的那段时间，正是第二次世界大战打得激烈的时期，他的许多同学都远渡大洋，到海外作战去了，很多人都为国捐躯了。每当想起他的那些同学，艾柯卡就如坐针毡，不断地鞭策自己努力学习。大学四年中，他没有休过一个暑假，马不停蹄地完成了自己专业的课程，还选修了商学和心理学。

尽管艾柯卡的功课很忙，他没有时间去进行旅行之类的休闲，但他仍努力挤出时间来丰富自己的课余生活。在他看来，令他收获最大的课余活动就是在校报做编辑。他的稿子写得非常棒，有一篇还被美联社采用，后来又有数百家报纸进行了转载。

5. 值得庆幸的一年

20世纪40年代的福特汽车公司是美国第二大汽车公司，进入福特公司是许多年轻人的梦想。还在上大学的时候，艾柯卡就憧憬着进入福特汽车公司。

艾柯卡的父亲有一辆1938年出厂的60马力的福特汽车，艾柯卡在16岁的时候就会开它，也正是父亲的那辆福特汽车让他对福特汽车公司产生了浓厚的兴趣。艾柯卡父亲的那辆福特汽车已经很破旧了，有好几次，艾柯卡开着它爬山都差点出了事，因为想顺利地换挡简直不可能。

艾柯卡常拍着父亲的那辆破福特车与他的朋友开玩笑，他说："福特公司需要我，你们看他们造出的汽车多么差劲啊，我必须去支援他们。"

在那个信息不发达的时代，拥有一部福特汽车是搞懂汽车的最佳途径。二战时期，美国所有的汽车公司都在忙着制造武器，而将制造新车的计划搁浅了。当时，别说是汽车，就连汽车零件也很少见，如果需要只能到黑市花大价钱才能买到。因此，在那时拥有汽车的人，都会很小心地保养他们的车。

由于战争时期车辆非常稀少，是辆车就会有人愿意花大价钱购买。艾柯卡在毕业的时候，把父亲的那辆破福特车以450美元的价钱卖掉了，而父亲当初买的时候只花了250美元，一转手他就大赚了一笔。

在艾柯卡大三那年，国家发给每个学工科的学生一张C卡，意思是告诉他们，他们所学的专业对赢得战争非常重要。这张C卡所带给艾柯卡的荣耀虽不像去海外作战那么多，但至少它也是个光荣的象征，代表着他有能力为国家作出贡献。艾柯卡那份未能参战的遗憾，总算得到了些许安慰。

在艾柯卡上大四的那年春天，社会对工程师的需求非常大，有二十多个工作机会摆在他的面前供他选择，而且每一个都很诱人。

但艾柯卡知道，自己最喜欢的是汽车，而且一直梦想着到福特公司工作。于是，他选择了福特汽车公司。决定之后，他很快就与福特公司负责招聘的古哈特先生取得了联系，并约定了面试的时间。艾柯卡记得古哈特先生当时开的是一辆马克Ⅰ型车，当他开着那辆车向艾柯卡驶过来时，艾柯卡感到自己都快窒息了。闪亮大气的外表，再加上车内皮制座椅所散发出来的香味，让艾柯卡觉得为福特公司效命一辈子他都愿意。

当时福特公司的计划是到全国五十所顶级大学中进行招聘，在每个学校里只挑选一个他们认为最优秀的人。艾柯卡觉得这个计划看似高明，但其实很不合理。他想如果牛顿和爱因斯坦是同学，依照福特公司的招聘计划，他们只会要一个，无论他们选择牛顿还是选择爱因斯坦，对他们来说都会失去一个人才。

在里哈伊大学的面试中，艾柯卡轻而易举地脱颖而出，赢得了福特公司的青睐。据艾柯卡自己描述，当他得知自己被福特公司录用时，非常兴奋，简直飘飘欲仙了。

连续奋战了八个学期的艾柯卡，决定利用毕业与正式工作之间的这段空闲时间，与父母到新泽西州去度个短假。度假时，他接到了里哈伊大学就业办公室主任的信件，在信件中，她附上了一份普林斯顿大学研究生院奖学金的资料，奖学金非常优厚，包括学费、书籍费和生活费。

她告诉艾柯卡，普林斯顿大学研究生院每年只给里哈伊大学两个名额，她觉得他非常优秀，建议他去申请一下。她说："我知道你没有读研究生的打算，但这个机会相当不错，你不妨认真考虑一下。"于是，艾柯卡向普林斯顿大学提交了自己的成绩单，过了不久，他就收到了华莱士纪念奖学金。

在还没决定是去读研还是去工作之前，艾柯卡想先到普林斯顿校园转一圈。普林斯顿校园的氛围深深吸引了他，于是他决定去读这个研究生。当时艾柯卡就想有个硕士学位总比没有好，它不会妨碍自己发展事业的。

但去读研就不能去福特工作，这让艾柯卡多少有些难过。这两个机会都实在太好了，他哪一个都不愿放弃，希望可以有一个迂回的方案。于是他就给古哈特先生打电话，把情况如实地告诉了他。古哈特先生听完后就对他说："假如普林斯顿大学给你奖学金，你绝对不应该放弃这个机会，去读研究生好了，我们会为你保留位置的，直到你毕业。"这个答复正是艾柯卡所期盼的。听到古哈特先生的答复时，他高兴得简直要疯掉了。

普林斯顿大学为学生提供了宽松的学习环境，它的功课不像里哈伊大学那么多，学生们有充足的时间作自己喜欢的研究。

普林斯顿大学有个很好的传统，就是会经常请一些科学家到学校里作报告。有一次，学校请了爱因斯坦来作学术报告，艾柯卡很激动，早早地就到教室里去等候了。艾柯卡说虽然他对爱因斯坦讲的东西不是很明白，但看到爱因斯坦他仍很兴奋。爱因斯坦执教的高等研究院离普林斯顿大学不远，艾柯卡说他时常能看到爱因斯坦走过。

在普林斯顿大学，艾柯卡有3学期的时间去写硕士论文，但因为想早点去福特工作，他花了两个学期就把论文写完了。对于自己的效率，艾柯卡感到很自豪。

第三章　福特情结

"如果你没有热情，你就会什么也卖不出去，你也不能体会到工作的乐趣。我要到我喜欢的领域去，与那些拥有热情的人一起工作。"

1. 被父亲带进汽车世界

艾柯卡的父亲是一个非常具有冒险精神的人，他总是喜欢尝试新的事物。当摩托车对阿伦敦的人来说还是一件怪东西时，他就已经骑着它到处跑了。他是镇上第一个拥有摩托车的人。他买的那辆摩托车是一部老式哈雷摩托车，看上去非常笨重，他经常骑着它飞快地驶过，车后带起一片尘土。可惜这辆摩托车的质量并不怎么样，经常抛锚，最后他不得不卖了它，而且从此以后，他对少于4个轮子的车子的性能都持怀疑态度。

由于那辆可恶的摩托车给艾柯卡的父亲留下了极差的印象，他不仅自己不再相信两个轮子的车子，还告诫艾柯卡不要骑两个轮子的车子，就连自行车也不行。这让少年时期的艾柯卡很是郁闷。在实在很想骑的时候，他只能向朋友借来骑一会儿过过瘾，而且还必须是偷偷摸摸地，避免让父亲发现。

但当艾柯卡满16岁的时候，他的父亲把汽车钥匙给了他，认为他已经足够大了，完全能够独自驾驶汽车了。艾柯卡父亲的这一决定意义非凡，这使艾柯卡成了镇上唯一一个由骑儿童三轮车直接跳到驾驶福特汽车的男孩。

艾柯卡的父亲非常喜欢追赶潮流，在汽车刚在阿伦敦兴起的时候，他就买了一辆汽车，而且是福特最早期的T形车。他是阿伦敦镇上为数不多的几个会驾驶汽车的人之一。二战的时候，他曾应征入伍，教其他人开救护车。他不仅喜欢驾驶汽车，还喜欢摆弄汽车，喜欢不断地改进汽车的性能。

在20世纪40年代，汽车轮胎的工艺还不是很完善，经常会出现爆胎现象。艾柯卡的父亲对此很不满，就一直研究如何才能防止爆胎，如何才能利用已经漏气的轮胎多跑几英里。

艾柯卡的父亲还买下过一家出租车公司，名叫"你开它"，那是美国最早的出租车公司之一。他父亲的出租车公司中差不多有30辆汽车，而且大都是福特车。这让艾柯卡很早就有了接触不同型号福特汽车的机会，也使汽车走进了艾柯卡的生命。

艾柯卡的父亲有一位老朋友，这位老朋友的儿子原来在福特汽车经销店工作，学到了经销经验之后就离开了福特，自己买下了一家经销店。正是从父亲的这位老友的儿子那里，艾柯卡才认识了汽车营销这个神奇的行业。在艾柯卡差不多15岁的时候，他就劝艾柯卡也参与到汽车这个行业来。从那时起，进入汽车业就成了艾柯卡奋斗的目标。

2. 福特公司的实习工程师

当艾柯卡马不停蹄地修完了他的研究生课程，并提前半年完成了自己的硕士毕业论文，满怀喜悦地想去福特汽车公司上班时，他却发现他联系不到古哈特先生了。

第二次世界大战打得正吃紧的时候，古哈特先生被征召入了伍，不在福特公司了。当时在福特汽车公司，艾柯卡只认识古哈特先生一个人，是他答应艾柯卡等硕士毕业后再去福特公司上班的，而且是口头答应，并没有留下一纸半文的书面协议。在普林斯顿大学读研究生的时候，艾柯卡只是一心想着快点修完课程快点毕业去福特，但并没有想到应该与他保持联络。这让艾柯卡后悔不已。

眼看去福特工作的机会就要泡汤了，艾柯卡只好抱着试试看的态度，给古哈特先生的上司打电话，希望能找到转机。在电话里艾柯卡向他说明了自己的情况，并描述了自己与古哈特先生的约定。听完艾柯卡的描述，他说："福特公司今年的招聘工作已经结束了，我们已经招到了50个人。但我想如果我们拒绝你，对你来说是不公平的。假如你能马上来报到，我们就可以考虑增加一个录用名额。"

得到允诺后，艾柯卡马上就开始收拾行囊，第二天一大早，他就让父亲开车把他送到了费城，然后坐红箭快车赶往底特律。从此，艾柯卡开始了他的职业生涯。

因为太兴奋，艾柯卡一夜都没睡，又坐了24小时的火车，但他一点儿疲惫感都没有。火车到站后，他第一个背着行囊冲下了车。出了火车站，他就问他碰到的第一个人怎么去福特汽车公司，那个人告诉他顺着面前的马路向西走10英里就到了。

1946年8月，艾柯卡终于进入了福特汽车公司，成了福特公司的见习工程师。

福特公司对见习工程师的培训形式是巡回式的，每一个见习工程师都必须完成公司所有部门的培训，目的是让他们尽快熟悉制造汽车的所有流程。

福特公司想让艾柯卡他们尽量多积累些现场经验，就把他们分配到了全球最大的汽车制造中心——荣格工厂，让他们可以看到汽车的整个制造过程——从挖矿炼钢到把钢铁制造成汽车。

在荣格工厂，艾柯卡终于找到了用武之地，可以将自己所学到的知识运用到实际工作中了。在里哈伊大学，艾柯卡曾学过冶金学，但只是理论上知道如何去冶炼，并未实践过，而现在他有了实际操作鼓风炉和熔铁炉的机会。而且他还可以在制模车间亲手操作那些过去只在书本上看到过的机器，如刨床、铣床和车床等。

福特公司对见习工程师的培训方式，对一个初进汽车业的人来说，非常有好处，但也有一些弊端。他们要求见习工程师在各个部门都待上一段时间，但艾柯卡觉得他们安排的时间段很不合理。在汽车装配线上，艾柯卡他们一待就是四个星期，每天要做的工作就是为卡车车体内的架线固定器套一个螺丝帽。这个工作做起来并不辛苦，却非常单调，这可不是他们这群高才生想做的工作。

有一天，艾柯卡的父母来看他，当他穿着车间工作服出现在父母面前时，他父亲扑哧一声笑了，拍着他的头说："哈哈，你这个傻小子，上了17年的学，但在班上总考不了第一，现在知道考不了第一的下场了吧！"

各部门主管对艾柯卡他们这群实习工程师都还不错，他们提出的要求部门主管们都会尽量满足，倒是那些部门的工人，对他们没有什么好感。开始的时候，艾柯卡他们以为是"见习工程师"的这个工作牌证引起了他们的不满，于是他们就向上级反映，希望作出更改。后来主管部门就把他们的工作牌证改成了"管理部"，结果使情况变得更糟糕。

其中的缘由，他们当时并不知晓。那时，福特公司的创始人老亨利·福特的年事已高，基本不能打理公司，整个福特公司都由一群他的亲信在管理。工人和管理层的矛盾非常大，他们这群见习工程师戴上个"管理部"的工作牌证，整天与工人们一起工作，许多工人就以为他们是上面派下来监视他们的。事实上，他们不过是一群刚刚走出校门的毛头小伙子，整天被主管们监管着。

尽管与工人们的关系处得不是很好，但他们的实习生活还是过得很愉快的。来自于不同大学的51个人一起住，一块喝啤酒，在工作之余可以畅所欲言，尽情地乐享人生。而且培训计划相当松弛，即使请几天的假出去玩，也不会影响实习进度。

当实习进行到一半左右的时候，主管人事的领导给他们开了一个评估会。在会上，他们对艾柯卡说："你学过机械工程、水力测功机和自动变速器方面的知识，我们新设立了一个自动变速器研发部门，培训结束之后，我们会把你派到那里。"

在这之前，艾柯卡早已接受了9个多月的培训，还有差不多9个月才会结束，但他发现自己对工程技术已经完全失去了兴趣。每天面对一堆毫无感情的钢铁部件，让他觉得快疯掉了。在刚到福特的时候，他们叫艾柯卡设计一个离合器的弹簧。艾柯卡花了一整天的时间来画图，当他画完图活动自己那已经累得酸疼的筋骨时，他问自己："我这一天都干了什么啊？这难道就是我以后要做的工作吗？"

虽然艾柯卡已经对工程技术失去了兴趣，但他并不想离开福特公司。他打算离开枯燥无味的工程技术部门，到真正有意思的销售部门去。他认为与人在一起绝对比整天面一对钢铁部件有意思。

3. 重新定位自己

艾柯卡向负责培训的主管部门表达了自己不愿意再待在工程部门，而想到销售部门去的意愿后，主管部门的负责人为此很不高兴，毕竟福特公司当时决定雇用他，就是因为他学的是工程学，而且他们还花了那么多的时间和金钱来对他作了工程方面的培训。

由于艾柯卡的一再坚持和多方说服，福特公司最终还是作了让步。他们同意放艾柯卡离开工程部门，到销售部门找个事做，但他们并不予推荐，而是让艾柯卡自己去与销售部门联系。他们给艾柯卡的忠告是："我们很希望把你留在福特，但如果你下决心要改行进入销售行业，你就必须先去推销你自己。"

得到工程部门的允许后，艾柯卡就马上给他在培训时认识的好友弗兰克·齐默尔曼打电话。弗兰克是他们51个人中最早进入培训班的，也是最早完成培训的。与艾柯卡一样，他也决定放弃汽车工程而投身销售行业，而且他已在纽约的福特卡车销售部门找到了工作。联系上他后，艾柯卡就去纽约找他，他们在一起的日子过得很逍遥，就像两个一直被父母监管得很严的小孩，突然挣脱了父母的管束，可以由着自己的性子到处游玩了。他们一起去饭店，一起去酒馆，在五光十色的曼哈顿自由游荡。

艾柯卡去福特纽约办事处的时候，办事处的经理刚好出差了，所以他见到的只是他的两个助理。当艾柯卡见到那两个经理助理时，心里非常紧张，毕竟他学的是工程学而不是销售。他觉得自己要想从他们那儿争取到一份工作，唯一的办法就是在面谈时给他们留下极好的印象。

虽然工程部门没给艾柯卡提供推荐信，但迪尔布恩工程部门的一个负责人很赏识他，就以个人名义为他写了一封推荐信。当艾柯卡把这封推荐信交给其中一位助理时，那名助理接过它，看都没看就顺手把它放到了办公桌上。艾柯卡在经理办公室待了大约有半个小时，在这半个小时中，那名接过他的推荐信的助理，一直都在看《华尔街日报》，从没抬头看过艾柯卡一眼，更没跟艾柯卡说过一句话。

另一位助理对艾柯卡的态度稍微好一些，他先瞄了一眼艾柯卡的鞋子，又抬头看了看他的领带，然后简单地问了他几个问题。艾柯卡看得出来他们不是很欢迎他，这倒不是因为他说错了什么，或哪里做得不好，只是因为他是个大学生，并且还在迪尔布恩待过。他们可能在怀疑艾柯卡的身份，觉得艾柯卡很可能是上级派来考察他们的。

艾柯卡一看情形就知道他们不会录用他，但他们并没有直接告诉艾柯卡，而是说："你不用来问结果，在家等我们的通知好了。"初次登场就惨败而归，这让艾柯卡多少都有些丧气。但他没有退路，只能寄希望于其他地区的销售部门。很快他又联系到了切斯特地区的销售经理，还成功地争取到了与他见面的机会。

这次艾柯卡的运气不错，那位销售经理不仅与他见了面，还愿意给他个工作机会，让艾柯卡做车队销售部的底层柜员。作为底层柜员，艾柯卡要做的工作就是把新车分配方案告诉汽车批发商，并解答他们的疑问。对艾柯卡来说，要做好这工作可不容易。因为那时的艾柯卡很内向，又不善言辞，而且一拿起电话就紧张得不知道应该先说什么。每次在给批发商打电话之前，艾柯卡都会事先把要对他们说的话练习好几遍，很怕拿起电话后会语无伦次。

许多人都认为销售能力是一种天生的能力，后天是培养不出来的。但艾柯卡觉得自己可没有这种天赋。在工作的头两年，艾柯卡给人的感觉一直是内向，不善言谈，还有些呆板。为了改善自己，艾柯卡就耐心地观察周围同事的言行，学习他们的推销技术，并及时总结出表达的技巧。过了一段时间，艾柯卡发现周围的人都愿意听他说话了。

要学好推销技巧可不是一两天的事，需要长期的学习和练习，付出相当多的努力。推销技巧不是一种理论说教，而是一种货真价实的能力，要想取得骄人的销售业绩，你就必须不断地练习那些推销技巧，直到使它们成为你的本能反应。现在的年轻人往往只看到成功者优秀的一面，却不知道他们在年轻的时候也曾犯下过许多错误。人在成长的历程中总会犯错，无法避免，我们所能做的就是期望那些错误的代价不要太大，而且坚决避免重蹈覆辙。

由于二战时期不生产民用车辆，所以战后的那么几年，也就是从1945年到1950年，市场对汽车的需求量特别大，只要汽车下了生产线，很快地就会被抢购一空，即使那些汽车的标价高于它们的使用价值。

汽车销售的油水很多，在当时，几乎每个汽车经销商都致富了。由于市场对汽车的需求量远远大于汽车公司的供应量，每辆出厂的汽车都很抢手，经销商就趁火打劫，漫天要价，但照样能把车卖出去。经销商们的发财速度让艾柯卡震惊不已，对他这个刚刚走出校门一年，心中满怀理想和憧憬的年轻人来说，简直就是奇迹降临人间。

通过一段时间的不懈努力，艾柯卡终于等到了改变命运的机会，他可以放下电话机，作为零售和批发业务代表，到各地去拜访经销商，并做他们的销售指导。艾柯卡非常喜欢这份工作，觉得自己这才真正地离开学校，迈入了现实世界。他可以开着崭新的汽车四处察看，将自己刚想出的销售点子告诉那些正期盼着他的数百个经销商。每个经销商都想成为百万富翁，对他们来说，艾柯卡就是为他们送财富的天使。

4. 向推销专家学习推销技巧

由于艾柯卡工作很努力，而且他很受各地经销商的欢迎，在1949年，福特公司任命他为宾夕法尼亚州威尔克斯巴勒地区的销售经理。

身为地区的销售经理，他的工作是与18个经销商密切合作。在与这些经销商合作的过程中，艾柯卡领悟到一个真理：汽车经销商是汽车业的精髓，是他们把工厂制造出来的汽车卖出去的。

因为明白经销商的重要性，所以从一开始艾柯卡就很主动地与他们合作，尽量满足他们提出的要求。艾柯卡知道如果自己想在这个行业成功，就必须好好地与经销商合作，始终与经销商保持一致，时刻将他们的利益放在第一位。

很不幸，艾柯卡发现许多汽车业的高级主管并不明白这个道理，他们经常在一些事情上与经销商闹得不可开交。但在艾柯卡看来，经销商是汽车公司最重要的，也可以说是唯一的顾客，汽车公司只有想办法让经销商满意了，他们才会更卖力地为公司销售汽车。而且，他们中很多人销售的不只是一家公司的汽车，而是在同时销售好几家公司的，所以，哪家公司能够很好地满足他们的意愿，他们当然就愿意多为顾客介绍哪家公司的汽车。

与经销商接触的时候，艾柯卡总会很耐心地听取他们的意见，尽量让他们的要求得到满足。即使他们所提的意见很不合理，艾柯卡也不会当面驳斥他们，而是会诚心地为他们提出些建议，谋划些新的促销手段。

艾柯卡觉得自己在切斯特的那几年学到了许多汽车分销的技巧，而这些技巧大部分都是默里·凯斯特教给他的。当时，默里·凯斯特是威尔克斯巴勒的业务经理，在培训和激励推销员方面很有办法。艾柯卡称他是培训和激励促销员的专家。

默里·凯斯特也是个销售奇才，他很会把握顾客的心理。有一个销售技巧他常常使用，而且是屡试不爽。他的这个销售技巧看上去很简单，就是在每一位顾客购买新车后的30天内，通过电话问他们："你的朋友喜欢你的新车吗？"

他不问顾客自己对新车是否满意，而是问他们的朋友喜不喜欢他们的新车，他的这个做法看似不合理，却是大有学问的。他想如果他问顾客自己喜不喜欢新买的汽车，很多顾客很可能会觉得自己有必要挑些毛病出来，那样才对得起自己买车时花的那些钱。但如果你问他们"你的朋友喜欢你的新车吗？"他们一定会告诉你他买的那部车有多好，他有多喜欢那部车。即使他的朋友不喜欢他买的那部车，他也绝对不会坦然承认的，至少不会那么快就承认的，他仍然想证明自己的选择是对的，买那部车绝对是明智之选。

如果顾客对自己买的那部车很满意，他的朋友对他的新车也很赞赏，凯斯特就会试着向他要他朋友的联系方式，他们可都是汽车公司潜在的顾客，说不定因为这么一个顾客，他又可以多销售出好几部汽车。

凯斯特的这个技巧之所以能够成功，是因为他很好地利用了人的一种心理：任何人花钱买了新东西，无论这东西是房子、车子，还是股票，在刚买的前几周一定都会往好的方面想，即使发现自己买错了，也不会轻易承认的。

凯斯特教会了艾柯卡许多诸如以上介绍方式的销售技巧，艾柯卡觉得受益颇多，所以他也经常将这些技巧传授给经销商。他告诉经销商，如果他们想取得好的销售业绩，就必须学会正确地对客户进行提问，只有掌握了顾客的心理，才能成功地达成交易。

艾柯卡认为，如果顾客知道自己想要什么样的汽车，你如他所愿地把那种汽车卖给他，结果当然会皆大欢喜。但遗憾的是，大多数顾客并不确定自己喜欢的到底是什么样的汽车。这时候，推销员的价值就体现出来了，他们可以引导这些顾客作出他们的选择。

在艾柯卡看来，买车和买鞋在本质上是一样的。当顾客到鞋店买鞋的时候，店员会先为顾客测量脚的尺寸，然后问他们是喜欢便鞋还是喜欢样式正式一些的鞋，知道这些后，他们才会为顾客介绍他们的鞋子。这种销售方式同样适用于汽车界。作为销售汽车的人，必须了解顾客买车的目的是什么，以及除了他之外，他的家庭成员中有谁还会用到他的车。对顾客的预算，作为销售人员也必须了解清楚，只有这样，才能为他设计出最佳的付款方式。

对销售的最后也是最关键的一个技巧——请顾客签约，凯斯特向来都很重视。许多营销人员在营销的过程中做得一直不够好，就是因为信心不足，唯恐被顾客拒绝，所以常迟迟不敢请顾客签合同。在凯斯特看来，如此缺乏自信的营销人员就是不称职的，他们并不能完全摸透顾客的心理。他认为一个优秀的营销人员应该能准确地判断出顾客的心理，能为他们提供合适的车型，然后在时机成熟时，果断地请顾客签下购买合同。

5. 良师益友比彻姆

凯斯特在艾柯卡的人生中扮演了重要的角色，是他将艾柯卡带入了真正的销售行业。在切斯特，除了销售专家凯斯特外，还有一个人，他的出现对艾柯卡的影响更是深远。他叫查利·比彻姆，是福特东海岸地区的经理。艾柯卡觉得，除了他父亲外，比彻姆是对他影响最大的人。

与艾柯卡一样，比彻姆也是工程师出身，后来厌倦了工程行业，才转做销售的。他是南方人，身材高大，待人热情，脸上总是带着微笑，而且脑子灵敏，反应迅速。他很会激励人，他的几句话就能让沮丧的人重新抖擞起精神，继续奋勇前行。艾柯卡觉得他是最难得的良师益友。

艾柯卡觉得比彻姆简直是领导的楷模，很少有人能像他那样将恩威并施运用得那么好。艾柯卡记得，有一次，他所负责区域的销售业绩在比彻姆管理的13个区中是倒数第一，对此他感到非常难过，不知道如何向比彻姆交代。当比彻姆看到他垂头丧气地走进停车场时，就跟了过去，把右手放在他的左肩膀上，问他："什么事让你感到如此沮丧？"

艾柯卡回答说："很抱歉，比彻姆先生，我这个月的销售业绩是13个区中最差的。"

"嘿，这有什么好气馁的，无论怎么说，总是要有人垫底的啊！"说完他转身就离开了，但当他走到自己车子前时，又转身对艾柯卡说，"但你要记住，不要连续两个月都得倒数第一。"

他就是这样，面对下属的失败，总是先安慰他们，然后再以上司的身份激励他们，让他们尽快脱离失败的阴影，重新找到奋斗的动力，而且不敢再出现类似的失败。

他说话还相当风趣。有一次，有人向他提议派遣刚招聘来的新人去走访费城的汽车经销商，让这些新人增长经验，尽快熟悉销售业务。比彻姆认为经销商都不是省油的灯，难对付得很，这个方法一点都行不通。他对艾柯卡他们说："这些新人嫩得就像春天里的鲜草，去了只能给母牛们当点心。"

当然，有时他说话也很直白，他经常教育艾柯卡他们："一切要以赚钱为宗旨，其他的都别管。我们只遵循追求利润的制度，其他的都是废话。"

他说："李，你要记住，人比猩猩强的地方就在于人有判断力和常识，判断力和常识是人最重要的品质。如果你分辨不出一堆马粪和一堆香草冰激凌（许多人都不会），那就太糟糕了，因为那样你绝不可能取得成功。"

比彻姆是个宽宏大量的人，他容许他的下属犯错，但绝不能容忍他们不负责任地乱找借口。如果有人不小心犯了错，并愿意为自己的错误负责时，他会说："记住，每个人都会犯错，你愿意承认，就说明你还有希望。但令人头痛的是很多人都不愿意认错。他们往往会把错误归咎于自己的老婆、孩子，甚至自己的狗或者天气，就不承认是他自己的过错。假如你真的觉得自己做错了事，那就什么理由也不要找，站到镜子前面反省一会儿，想清楚后再来见我。"

每次召开汽车销售会议，比彻姆都会花上几分钟列举出所有他最近听到的车子卖得不好的理由，这样一来，就没有人敢再以那些理由为挡箭牌推卸责任了。他尊重那些敢于面对失败的人，而对于做错了事又不断为自己辩护的人，他从来都是鄙视的。

比彻姆喜欢抽雪茄，即使医生要他戒烟，他也没办法与烟草分开。他经常把未点燃的雪茄衔在嘴里嚼，然后再从口袋里拿出把小刀把咬过的那部分切掉。每次会议结束后，他的桌前都会留下一堆烟丝，看起来像是兔子的粪便，不知道他有这个癖好的人，很可能会以为会议厅里养了一只兔子。

由于工作的需要，艾柯卡每天都要打许多长途电话。那时直拨电话还没被发明出来，想找某个人还必须要接线员转接，接线员通常会先问来电人姓什么。每当艾柯卡被问及时，就会回答说是"艾柯卡"，可他们中十有八九不知艾柯卡这个姓怎么拼写。好不容易给他们说明了自己的姓后，他还得面对下一个难题，那就是名字问题。每次艾柯卡告诉接线员自己的名字是"立都"时，他们大都会忍不住笑出声来。后来艾柯卡就决心放弃父母给他起的这个名字，而改叫"李"。

为了拓展市场，比彻姆决定派艾柯卡到南部去。在他准备去南部之前，比彻姆把他叫到了办公室。他告诉艾柯卡："李，你要去的是我的家乡。在你去之前，我要给你两个忠告：第一，把说话速度降下来。你讲话的速度太快了，那里的很多人会反应不过来的。第二，他们不会喜欢你的名字，为了不惹怒他们，我给你支个招，你可以自我介绍说你有个有趣的名字叫'艾柯卡'，而你的姓是'李'，这样一来，南方人应该会喜欢的。"

比彻姆说得一点都没错，南方人果然很喜欢艾柯卡的姓。每次讲课之前，艾柯卡都会按比彻姆教的方法介绍自己的姓名，每次介绍完，听课的人都会乐得笑出声来。他们对艾柯卡的戒备之心也就在笑声中被释放了，他们忘了艾柯卡是意大利裔美国人，而把他当成了他们中的一员。

自从当上地区销售经理，艾柯卡的大多数时间都是在火车上度过的，他坐火车到各处去视察指导。他工作非常努力，他几乎能叫出南部所有的推销员和经销商的名字。当然，他也曾遇到过许多难题，但从整体来看，他的工作还是非常顺利，他也能从中得到快乐。15岁时，艾柯卡就发誓要进入汽车业，现在他终于得偿所愿了。

　　在销售业的如鱼得水，使艾柯卡觉得自己当初放弃工程技术工作是多么明智，汽车销售业才是真正让他有所作为的地方，而他也非常喜欢这个行业，每天都不知疲倦。

　　虽然比彻姆待人热情，脸上总会挂着笑，但他有种让人不敢轻易触及的威严，让人见到后，总会肃然起敬。虽然艾柯卡与他的私人关系很好，但艾柯卡从不敢对他作出半点评点。直到1970年，在庆祝艾柯卡当上福特公司总裁的晚宴上，艾柯卡才鼓起勇气，当众告诉比彻姆他给自己的感受。艾柯卡动情地说："比彻姆先生在我心目中的位置无人可以取代，他是我学习的榜样和奋斗的目标。他不仅是我的良师，还是我的严师，不断地鞭策着我前行，我爱他！"

第四章　事业与爱情双丰收

"如果说亨利是国王，那我就是王储，而且是深得国王器重的王储，我对自己的美好前程信心满满。"

1. 扔鸡蛋的促销活动

1953年，艾柯卡被提拔为费城区的汽车销售副经理，职务的上升给他带来了更多的财富和更高的地位，也给他带来了更繁重的事务。不管市场对汽车的需求是大是小，不管销售商每天的销售量是多少，只要福特生产线上有汽车下线，作为福特汽车公司的销售人员之一，艾柯卡就得想尽办法将它们卖出去。艾柯卡明白得很，一旦汽车出现滞销，后果必定是不堪设想的。

为了尽快将下线的汽车卖出去，艾柯卡总是费尽心机地组织各种宣传和促销活动。1956年福特汽车公司的宣传重点不再是汽车的性能和马力，而是汽车的安全性。那一年，公司对汽车的安全性问题作了许多改进，包括改进汽车的仪表板和防震垫。工厂还制作了一部宣传片，让各地的销售部门放给经销商看。宣传片的大致内容是这样的：一名汽车乘客的头撞到仪表板时，由于有新型防震垫，所以安然无恙。

为了进一步吸引顾客的眼球，宣传片中还介绍说新型防震垫非常厚，即使将鸡蛋从二楼上丢下来，鸡蛋会被弹起来，而不会被摔碎。

艾柯卡被丢鸡蛋的这个点子深深地吸引了。他觉得播放宣传片的促销效果还不够直观，不能很好地让在场的人感受到福特汽车的安全性有多好。为了给大家一个更真切的感受，艾柯卡决定改变公司制订的促销计划，将扔鸡蛋作为促销手段的重点，而将播放宣传片作为促销的辅助手段。

　　当时，约一千一百人在场，都是前来参加地区销售会议的营销人员。艾柯卡告诉他们，他将要为他们呈现令人惊奇的一幕。他说过一会儿他会爬上高高的梯子，站在梯子顶端向防震垫上扔鸡蛋，还让他们与他一起见证奇迹的出现。他叫人把汽车的防震垫拉开摆在讲台上，并告诉他们这是福特公司专为1956年新车所设计的高性能的防震垫。

　　说完那番话后，艾柯卡就夹着一盒新鲜的鸡蛋爬上了很高的梯子。他信心满满地拿出一个鸡蛋，然后告诉在场的人，那是一颗真鸡蛋，如假包换，接着就让它从自己手中自然滑落下去。不幸的是，由于没把握好丢的位置，第一个鸡蛋没有落到垫子上，而是掉在了展厅的地上，蛋液四溅。这引得在场的人哄堂大笑。不过艾柯卡觉得没什么，虽然没丢中，但至少向大家证明了鸡蛋是真的。

　　第二次艾柯卡学乖了，他先小心地瞄了瞄地上的防震垫，然后才将手中的鸡蛋丢下去。但很遗憾，又出了些意外状况，这次不是艾柯卡，而是他的助手。当艾柯卡刚丢下手中的鸡蛋时，帮他扶着梯子的助手不小心移动了下梯子，结果那鸡蛋还没来得及落下去，就砸在了他的肩膀上，摔得粉碎，蛋液还溅了他一脸。在场的人再度哄堂大笑。

　　第三个和第四个鸡蛋丢得都非常顺利，都不偏不倚地落到了垫子上，却很不幸，都摔碎了。这让艾柯卡尴尬异常，甚至都快没勇气再丢下去了。但骑虎难下的他不得不再搏一次，于是丢下了第五个鸡蛋，结果很理想，证明了防震垫的高效防震功能：鸡蛋被弹起又完好地落在了防震垫上。待鸡蛋落稳后，会场的人都站了起来，为艾柯卡喝彩。

那天的实验虽然成功了，却在艾柯卡的心里留下了阴影。他再三地告诉自己，有两件事绝不可再出现：第一，在销售大会上绝不再用鸡蛋做表演；第二，在面对顾客之前，一定要小心谨慎地做足准备，对打算说的话和打算做的事，一定要事先精心演练。

2. "56美元买56新车"

在做丢鸡蛋实验的时候，不少蛋液溅到了艾柯卡的脸上，也溅到了地面上离讲台很近的人身上。如果以后的事情发展顺利的话，所有人都会在很短的时间内就忘却这件事的，然而不幸的是，1956年福特新车的销售业绩很不理想，人们便将鸡蛋蛋液乱飞看成了销售不佳的恶兆。

虽然公司的营销活动设计得很好，而且还花了大量资金作宣传，声势浩大得很，但消费者的反应却一直都很冷淡。事实证明，福特公司以安全为主题的营销策略失败了。

1956年，在全美各地，福特汽车的销售情况都不好，艾柯卡所负责的地区还拿了个倒数第一。为了挽救局势，尽快摆脱当时那令人头疼的窘况，艾柯卡决定赌一把。在丢鸡蛋事件后不久，他就提出了一个新的促销手段。他告诉他的顾客，任何买1956年福特新车的人只需先付20%的首付款，然后在以后的3年中，每月各付56美元。

艾柯卡认为他提出的这种付款方式是人人都可以接受的，

他希望借此刺激他所负责区域的销售市场。"56美元买56新车"
（56for56），这个口号很快就传遍了费城地区的大街小巷。

事实证明，这次艾柯卡绝对赌对了。他的这个汽车分期付款的
促销手段非常有效，"56美元买56新车"为人们津津乐道，费城地
区的汽车销售量在3个月内由全美倒数第一一跃而起，变成了全美
第一。

福特汽车公司的副总裁罗伯特·麦克纳马拉（后来被肯尼迪政
府挖去做了美国联邦政府的国防部长）非常欣赏艾柯卡的这个促销
手段，并将它推广到福特公司在全美的销售策略中。

后来，据他统计，因为艾柯卡的这个促销手段，福特公司至少
多卖了75000辆车汽车。

3. "安全是卖不出去的"

1956年，福特公司的宣传重点是汽车的安全性，他们为自己
新生产的汽车配备了一系列的安全设备。与现代车上的安全设备相
比，他们那时安装的安全装备看上去非常粗陋笨拙，而且还很原
始。但必须承认，它们是汽车发展史上具有革命性的东西。福特提
供的一系列安全设备包括安全带、安全门锁、遮阳板、深刻度的方
向盘和防震垫等。在1956年的车型广告竞争中，福特汽车成功地摘
得了最安全汽车的桂冠。

福特公司在促销宣传中大肆宣扬自己汽车的安全性，这引起了
同行业很多人的不满，通用公司的一些高层人士纷纷给亨利·福特

打电话，要求他停止这项宣传活动。他们的理由是宣传安全带会给汽车业带来灾难，因为这让人很容易联想到受伤和死亡。亨利·福特也赞同他们的观点，认为不应该将汽车的安全性拿到桌面上来，展示给那些根本不懂行的顾客看。

而麦克纳马拉和福特的其他主管则不同意亨利那些人的观点，他们认为汽车业到了该进行革新的时候了，他们一致要求亨利·福特收回成命，而将汽车安全性的宣传进行下去，为此他们还几乎丢了饭碗。

当福特公司在苦苦宣传汽车安全性的时候，他们的劲敌"雪佛兰"却力推他们的快速车轮和强有力的8缸引擎。结果，在福特收益惨淡的时候，"雪佛兰"却大获成功，取得了令人欣喜万分的销售业绩。

尽管福特公司花了好几百万美元来努力做广告，大力宣传公司制造的有安全带的汽车，但顾客的反应却始终很冷淡。他们无法消除安全带带给他们的恐怖心理，售车现场经常会有人说："你们的车非常棒，我要买一辆，但你们必须把安全带给我去掉，我可接受不了那东西。"

当时，福特公司是将安全带作为附属装备提供给顾客的，买车时，顾客可以要，也可以不要。当福特向顾客提供安全带时，只有2%的顾客同意安装它们，而剩余的那98%的顾客则表现得很冷淡。他们有的抱怨安全带的颜色与车内的整体颜色不协调；有的则嫌安全设备太庞大了，会占用车内空间，让人感到不舒服。

艾柯卡还曾听人说他们不想系安全带，是因为不想被绑在车内，怕万一车子着火了自己无法逃出去。不可否认，那种危险的确存在，但事实上，火灾导致的伤亡人数只占交通事故伤亡人数的十分之一。艾柯卡告诉他们，即使车子起火，车上的人也可以快速地松开安全带，就像打开车门一样，是抬手之事。

　　没有人因为怕打开车门麻烦而敞着车门开车，但大多数人却嫌扣上和松开安全带太麻烦而不愿意佩戴，很显然，他们只是在为自己不系安全带找理由而已。

　　有的人怕失火逃不出去而拒绝系安全带，有的人则怕撞车后不能被抛出去而拒绝系安全带。事实上，后者与前者一样无知，他们根本不知道被抛离车辆而导致死亡的可能性，要比留在车内让车体保护的高出25倍还要多。

　　即使有的顾客在买车时同意安装安全带，但他们只是在高速公路行驶时，才会系安全带，在市区行驶时则不系。可是事实却是80%的死亡和重伤是发生在市区的，而且是在时速不超过40英里情况下。本末倒置的他们，却自以为很谨慎，很注意行车安全。

　　1956年的那次汽车安全性的宣传最终以失败而告终，艾柯卡作为汽车安全的忠实倡导者，并没因此而放弃宣传汽车安全，他觉得自己在倡导汽车安全的大潮中扮演了先锋的角色。他深信未来的汽车行业将出现安全与性能并重的局面，不安全的汽车将会像低性能的汽车一样被淘汰。

　　虽然福特公司对汽车安全性的宣传失败了，但艾柯卡从未停止过对安全带的宣传。1972年，当时身为福特公司总裁的艾柯卡，曾给全美国50个州的所有州长写信，请他们为了公民的安全支持福特公司的工作，强制所有乘坐汽车上的人都佩戴安全带。

　　然而很遗憾，即使在12年之后，他都成功地把克莱斯勒公司从破产的悬崖边拉了回来，但全美国50个州中还没有一个州颁布出强制使用安全带的法律。

　　也许只有亲身经历的人才能体会到安全带的重要性，但很多人却还没有来得及体会安全带带给他们的安全感，就在车祸中丧生了。然而，《纽约时报》的主编西莫·杜赛很幸运，一根安全带将他从死亡的边缘拉了回来。从此，他也成了安全带的志愿宣传员。

1982年的一天，艾柯卡约了《纽约时报》的所有编辑共进午餐，在进餐时，他向他们介绍了一些有关安全带的知识，并通过画图向编辑们展示安全带是如何在车祸中发挥保护作用的。

几天之后，他收到了一封来信，是《纽约时报》的主编西莫·杜赛写给他的。他说在与艾柯卡一起共进午餐之前，他是个安全带排斥者，拒绝在任何场合佩戴安全带。但听了艾柯卡的解说后，他消除了对安全带的抵触心理，并决定在以后的驾驶中都会系好安全带。就在他决定佩戴安全带的那个星期，他就亲身验证了安全带的重要性。

那天暴风雨大作，他冒雨开车回家，因视线不佳，当他准备右转弯时，却发现在离他不远处正停着一辆车，那辆车正好挡住了他的去路。于是，他赶紧刹车，但因路上有积水非常滑，车子出现了侧滑，撞到了路边的一道护墙上。幸好当时他系着安全带，才没有受伤。这次经历让他刻骨铭心，从此他成了安全带的志愿宣传员，每当见到有人不系安全带就开车时，他都会去规劝他们。

4. 双喜临门

"56美元买56新车"促销活动的大获成功，让艾柯卡声名鹊起。他的事迹不仅被各地区的销售人员津津乐道着，就连福特总公司里的人也开始谈论他了。没过多久，他就收到了公司的调任令，任命他为华盛顿特区的经理。经过十年的披荆斩棘、艰苦奋斗，艾柯卡觉得自己终于有了大突破，而且前途一片光明。

令艾柯卡高兴的事情还不止升职这一件，他还终于抽出时间与相恋多年的女友结了婚。艾柯卡的太太玛丽曾是福特切斯特装配厂的接待小姐，他们是在福特推出1949年新车的展示会上认识的。从相识到结婚，他们相恋了好多年，但由于艾柯卡经常出差，他们不得不将婚期一拖再拖。终于，在1956年9月29日，他们在切斯特罗伯特街的天主教堂举行了婚礼。

在婚礼之前，艾柯卡与玛丽曾花了好几个月的时间在华盛顿找房子。然而，当他们终于找到了中意的房子，并作了精心的装修后，比彻姆却打电话通知艾柯卡："你被调到别处了。"艾柯卡以为他是在跟自己开玩笑，就说："你别逗我了，下星期就是我的大婚之日，而且我们刚刚买了新房子。"但比彻姆却说："很抱歉，但如果你还想领薪水，就到迪尔布恩去领吧。"艾柯卡这才意识到比彻姆不是在跟自己开玩笑，顿时感到脑子有点蒙。

他一想到要把这个突如其来的消息告诉玛丽，心里就直打鼓。而且，还有个更残忍的消息，他也必须告诉她，那就是在蜜月之后，他只能在马里兰州他们可爱的新家待一天，然后就得去出差。

当时，比彻姆已升任福特主管汽车和卡车销售的主管，他调艾柯卡去迪尔布恩，是为了让他接手自己以前负责的全美卡车销售部门。过了不到一年的时间，艾柯卡又被调任去负责汽车销售部门。1960年3月，他成了卡车和汽车这两个部门的销售经理。

艾柯卡到迪尔布恩后，当他见到新老板麦克纳马拉时，就谈起了他与玛丽买房子铺地毯的事。他告诉麦克纳马拉，虽然他很高兴晋升到福特总部，但他仍很心疼自己在华盛顿购置新房所花的钱。麦克纳马拉让艾柯卡不用担心，说公司会出钱买下他的新房。虽然他很高兴听到这个承诺，但对于房子的装修费用，他仍很心疼，尤其是他和玛丽刚刚花了相当大的一笔钱——2000美元在房子里铺了地毯，他希望福特汽车公司也能补偿他的装修费用。但麦克纳马拉却告诉他说："很抱歉，我们只能买你的房子，付给你房子的钱。但别担心，我们会用奖金来补偿你的地毯的。"

艾柯卡觉得麦克纳马拉的这个答复不错，总算让他可以找回自己的损失了。但回到办公室后他仔细一想："我连正常的奖金是多少都不知道，他说会用奖金来补偿我，他会不会补偿我，又会补偿我多少，我怎么会知道呢？到时候我连自己吃没吃亏都会弄不明白的。"每当回想起这件事，艾柯卡就觉得很可笑。后来，麦克纳马拉也与他谈起过这件事，当时他俩都忍不住笑出了声。

艾柯卡承认那个时候钱对他来说太重要了，而且远比声望和权力重要得多，听到麦克纳马拉说公司会补偿他的损失，他就高兴过了头，根本没想到要询问细节问题，否则又怎么会中了麦克纳马拉的诡计呢。

5. 上帝的感召

1960年11月10日，麦克纳马拉升任福特总裁，艾柯卡则接替他的位子，成了福特的副总裁和福特分部的总经理，当时他刚好36岁。这比他在大学时发誓"要在35岁时担任福特公司副总裁"的时间，仅仅迟了一年。艾柯卡的发迹速度之快令人惊叹，一时间，他成了许多年轻人心目中的偶像。

虽然当时的艾柯卡已是个小有名气的人，但他的名气还没大到让福特总部的人都知道他。据艾柯卡讲，那个时候，在福特汽车公司里至少有一半人不知道艾柯卡是谁，另外一半则念不出他的名字。虽然他的说法有些夸张，但也不是毫无依据。

1960年12月的一天，亨利·福特二世（老亨利·福特之孙）叫艾柯卡去他的办公室，当时艾柯卡觉得那仿佛是上帝的感召，让他激动不已。虽然艾柯卡曾与亨利·福特二世有过数面之缘，但从未有机会与他交谈，对他来说，这是第一次，而且还是亨利主动找他的。在亨利叫他去之前，麦克纳马拉和比彻姆早就已经告诉过他，说他们向亨利推荐他去当福特部门的总经理，但他们还是让艾柯卡不要声张，装作毫不知情。这样的话，亨利就会觉得任命艾柯卡完全是他自己的意思，与他人无关。

这次升迁让艾柯卡兴奋不已，但他也清楚地明白自己的处境将会很微妙：他将去负责的是福特汽车公司最重要的部门，也就是说亨利在将皇冠上的宝石交给他保管；另外，他的职位高居于上百个比他资深、比他更有经验的经理之上，这会让他们心里不痛快的。他知道他们之中有些人对他的快速升迁已经很不满了，而且他也没有设计和制造汽车的经验，也就是说，除了销售业绩，他还没有用来让众人诚服的筹码。

艾柯卡知道要想摆脱面前的窘境，他必须充分发挥他以前所学到的东西。他要将过去在销售部门所受过的训练——"如何与人相处"——应用到他现在的工作上，而且他还得充分利用过去从父亲、从比彻姆那里所学到的一切，以及自己多年的经验和常识。只有这样，他才能通过这项新的考验。

艾柯卡觉得在福特部门做总经理的那些日子是他这辈子最快乐的时光，他与他周围的同事都充满了干劲，心中时刻装着令他们兴奋的梦想。那段时间，他每天早上都会迫不及待地去上班，晚上还会留恋自己的办公桌不想下班。他率领着自己的队伍，不断设计出新的方案，不断实验新的车型，青春的活力让他们不知疲倦。他们觉得自己就是艺术家，在创造一件可以流芳百世的杰作。

1960年，整个美国都沉浸在一片沸腾之中。肯尼迪当选总统，为整个美国带来了一股清新的气息，这股气息横扫大地，向人们传达着无言的信息，只要肯埋头苦干，一切皆有可能。外部蒸蒸日上的大环境，更是给了艾柯卡莫大的信心，让他敢于放开手脚，大干一场。

当上司提拔下属或给下属加薪时，也应同时给他更多的责任。在对他所取得的成就进行嘉奖时，也要激励他做得更多、更好。在他冲劲十足时可以加重他的任务，而在他遭遇挫折时却不要太责难他。因为当他正在为自己的失败而懊恼时，任何人的责难都会伤害到他，让他不愿意改进自己的缺点。

以上都是艾柯卡从比彻姆那儿学到的，他觉得自己从比彻姆那儿学到的东西终于可以派上大用场了。在处理公务时，他始终记着比彻姆说过的那句话："如果你要褒奖一个人，就把他的出色表现记录下来；如果你要责备一个人，在电话里痛骂一顿就够了，无须当面责难他。"

比彻姆还曾教育艾柯卡凡事不要一手包办，要懂得授权。他告诉艾柯卡，即使他非常能干，能一个人干两个人的工作，那也不过只是两个人的工作而已。"现在你手下有100个人为你工作，如果有一天你手下有10000万个人怎么办？"他曾这样问过艾柯卡。

艾柯卡觉得比彻姆仿佛有先见之明，预见到他的未来。在福特部门，有11000人在他的手下做事。比彻姆还告诉艾柯卡："不要去做别人的工作，要懂得如何协助别人确立目标，然后监管他们的目标完成情况就好了。"比彻姆是激励人方面的专家，通过与他的接触，艾柯卡明白激励是使整个部门运作的原动力，成功的经理不仅能激励他的下属，还能让他们去激励他们的下属，从而使整个团体都会全力以赴地奋勇向前。

第五章　汽车界的神话

"尽管取得成功的时候总有些人想把功劳全部揽到自己身上，但人们仍然普遍地把我看作是'野马之父'。如果有人到迪尔布恩打听与埃德塞尔车有关的人的情况，他可能会一无所获。而如果他打听的是与野马汽车有关的人，那他将收集到许多动人的故事。很多人都自称是野马之父，而我也不愿自贬身价做'野马之母'。"

1. "梦中之车"的诞生过程

当艾柯卡正筹划着为实现梦想而奋斗时，福特公司给他下达了新的任务。由于福特公司开发的猎鹰车型大获成功，麦克纳马拉就下令开发另一种实用的小型车。新开发的小型汽车将在德国制造，在1962年的秋季推出，名字也已被确定下来了，叫"卡蒂娜"。艾柯卡是福特汽车部门的总经理，督导卡蒂娜的制造是他的责任之一。

麦克纳马拉向来重视汽车的实用性和耗油率，卡蒂娜被他看作是美国用来对抗德国大众车种的最佳工具。像猎鹰一样，卡蒂娜的车身很小、结构简单、价格便宜。猎鹰和卡蒂娜的特点清晰地表明了麦克纳马拉的一贯思想：汽车是交通工具而不是玩具。

艾柯卡认为这次麦克纳马拉又领先了时代，走在了潮流的前面，准确地说，他认为他刚好领先了十年。因为十年以后发生了石油危机，市场需求的是耗油率低的小型车，那时候，卡蒂娜肯定会成为大众的宠儿，大放异彩的。

艾柯卡清醒地知道，在某些行业，领先时代是件好事，但在底特律则不同，汽车业承担不起落后时代太远所带来的灾难，同样也承担不起超越时代太远所带来的风险。太早推出一种新产品与太晚推出一样，都会带来悲剧。

人们普遍认为汽车公司能够掌控消费大众，消费者总会按照汽车公司为他们设计的车型去购买他们的车。每次听到诸如此类的话，艾柯卡都只是笑笑，不置一言一语。但他在心里会说："要真是那样该多好啊！"事实上，艾柯卡明白，他们只能生产顾客愿意买的车，他们的脚步通常都是跟着消费者的脚步走的，引领消费者的想法只是一个幻想而已。

当然，汽车公司总是会尽力诱导客人买他们生产出来的产品，但如果汽车公司生产出来的产品距顾客的口味太远，那他们再怎么努力地诱导顾客也没用，不是他们的菜他们是不会埋单的。

在德国，艾柯卡见到了基本成形的卡蒂娜，觉得很失望，它的设计实在是太失败了，完全不合现代人的口味。当他从德国回来以后，就直奔亨利的办公室。他告诉亨利："卡蒂娜卖是卖不出去的，公司还没完全从艾德索的失败阴影中走出来，如果再损失一次，公司会扛不住的。无法吸引年轻购买者的车型我们绝对不可生产。"

艾柯卡之所以强调年轻购买者，有两方面的理由：第一，他意识到年轻一代的购买力正在兴起，而这股强有力的力量目前还尚未被汽车业察觉；第二，他知道亨利很享受引领潮流的感觉，而且对年轻人的喜好非常了解。

得到亨利的支持后，艾柯卡就去与公司的高级经理和董事讨论卡蒂娜的存亡。他的言论很有说服力，除了两个高层以外，其他的领导者都同意他的观点，认为应该及时叫停卡蒂娜。那两个人中一个是国外营业部的经理约翰·巴加斯，另一个是财务经理米勒。巴加斯是艾柯卡的好朋友，因为卡蒂娜是在国外生产的，他当然希望它能够被顺利推出。米勒对艾柯卡也没有恶意，他所担心的是他们3500万美元的前期投入。

在解决掉卡蒂娜的问题之后，艾柯卡终于可以腾出精力进行自己的计划了。他立即从福特部门中召集来一批聪明而富有创新能力的年轻人，组成一个小团队，每周到迪尔布恩的费尔兰因饭店聚一次餐，边进晚餐边讨论他们的计划。

艾柯卡之所以选择在饭店与他们碰面，是为了避免与一群年轻有才的人在一起太过招摇，招人嫉妒。毕竟那时他刚刚升任副总裁，尚未证明自己的能力，做事当然不可太招摇。他找的那些年轻人都是很有才华的，但在公司里并没受到应有的重视。

他们称自己的那个小团队为"费尔兰委员会"，一群年轻人在一起工作得很愉快。他们敏锐的直觉告诉他们，不久的将来汽车市场将会发生一次大变革，但他们还不确定那场大变革到底是什么样的。

就在他们预感到大变革即将来临的时候，福特的公共关系部门经常收到顾客的一些来信，要求公司推出新型二人座雷鸟车。这个现象着实让艾柯卡他们吃惊不小，因为他们知道雷鸟车并不是很畅销，过去3年中他们只卖出了53万辆，但他们也知道顾客的来信反映出消费者的口味正在发生转变。

同时福特的市场研究人员也通过调查证实，全美的平均年龄正在快速下降，数以百万计出生在二战结束后婴儿潮时期的年轻人，将会对全美消费市场产生具有震撼力的影响。根据一系列数据，他们推断出整个汽车业在未来的十年内将会一片繁荣，而18岁到34岁的年轻人将成为推动汽车业繁荣的最大动力。

艾柯卡认为，与此同时，还有一个重要转变值得注意，那就是消费者的喜好已发生了转变，由倾向于20世纪50年代末期的简朴型转向追求比较时髦及豪华的车型。这种变化在1984年再一次出现过。

艾柯卡与他率领的那帮年轻人认真分析了各种资料，得出了一个统一的结论：当初艾德索车型之所以会失败，是因为在推出后找不到合适的市场，而如今却出现了一个广大市场在寻找合适的车子的局面。在汽车业，传统的做法都是先制造汽车再寻找买主，艾柯卡他们决定反其道而行之，根据市场的需求来打造一款新车。

他们认为能够吸引年轻购买者的汽车必须具备三个特征：第一，外形美观；第二，性能优异；第三，价格便宜。事情从来都是说来容易做起来难，设计一辆三者都具备的新车可不是一件闹着玩的事，但他们心里非常清楚，新车一旦做成，他们一定会一鸣惊人的。

看到市场的饥渴和巨大的前景后，艾柯卡他们下决心大干一场。于是他们更仔细地研究了自己想要做的汽车。他们认为他们所要做的那种车一定要小，但也不能太小。虽然2人座汽车的市场在不断扩大，但仍限于大约10万辆的样子，所以他们所要设计的车还应定位在4人座，而且车身必须非常轻便，重量在2500磅以内。而且，他们所要设计的车还必须很便宜，应在2500美元以内，这样才能迎合年轻人的购买力。

后来，他们终于将车子的定位确定了下来：外形要新颖而且轻便实用，带有点怀旧的味道；要容易辨认，让人过目不忘；要容易驾驶且能容纳4个人，还应有足够大的后备厢。他们所致力的目标是研制出一辆兼具跑车与私家车功能的汽车。他们要让自己开发出的新车既可供年轻人开着去狂欢，去参加短程车赛，还能让中年人开着去教堂参加礼拜。

换句话说，他们的目标是尽可能多地吸引不同类型的顾客。他们必须扩大购买者的范围，因为只有通过大量销售，他们才挽救低价推出所造成的利润低的问题。他们还决定只开发出一种基本车型，然后配上可供广泛选择的附件，让顾客自行取舍，决定是购买实用的还是舒适的，或者性能强劲的车。

开发一种新车型大约需要3亿到4亿美元的资金，但在当时，艾柯卡他们是很难争取到这笔庞大的资金的。为了将成本费用压下来，他们决定充分利用现有的部件。引擎、变速器和轴承可以使用猎鹰车系剩下的，当然，前提是它们能适用于他们的新车。如果猎鹰的部件可以用，那么他们开发新车的成本将会是7500万美元。7500万美元就可以帮他们开发出他们的梦中之车。

在1961年底，艾柯卡他们定出了新车推出的日期。他们觉得将于1964年4月开幕的纽约世界博览会是他们理想的推出新车的时机。虽然他们知道新型汽车一般都会在秋季推出，但他们觉得自己开发出的新车是如此与众不同，即使不是在销售旺季，他们也有信心吸引消费者的眼球。

为了尽快设计出理想车型，艾柯卡决定举行设计比赛。比赛的消息刚被放出去，就吸引了大量设计者。在众多参赛作品中，艾柯卡他们最终选择了福特设计室主任的助手戴夫所设计的模型。

因为设计室的人觉得戴夫设计的那个汽车模型像只豹，就开始叫它"美洲豹"。在8月16日的展示会上，戴夫把模型漆成了白色车身、红色轮子，后保险杠稍微向上翘起，在前面的护栅中间还嵌入了一只美洲豹的形象，给人一种既闪亮又有力度的感觉。

展示完毕后，美洲豹就被送进了福特设计室进行可行性试验。但艾柯卡知道要推出美洲豹可不是一件轻而易举的事。首先，高级经理和他们的观点不同，他们并不认为年轻人这个市场很广大，而且他们还未曾从艾德索车型失败的阴影中走出来。更糟糕的情况还在后面，高级经理们已经决定在1965年花大价钱重修福特的生产线，即使艾柯卡他们开发的那部新车的生产费用很低，他们也不敢确定公司能够承担得起。

不过，幸运得很，福特的大老板亨利支持艾柯卡他们的计划，认为他们的想法不错，应该付诸实践。后来，在制作样车的时候，亨利还曾去看过，以示对艾柯卡他们所开发的车型的重视。但他的来访却给艾柯卡他们留下了一个大难题。那天，他爬进车里摸索了一会儿，出来后对在场的人说："后座太窄了，再加一英寸（1英寸=2.54厘米），扩大放腿的空间。"

亨利只知道提出要求，但他根本不知道在汽车内部增加空间，即使是一英寸，都是要付出代价的，因为增加空间会牵扯到车子整个外形的变动。每个人都不愿意作出改动，但每个人都明白亨利的决定是无法改变的。而且，在那个关键的时期，即使他叫艾柯卡他们加十英寸，为了保证开发活动的顺利进行，他们也得干。

在汽车界，为新车命名向来是件麻烦的事情，它不像设计车门或车顶那么简单，只要大小合适就可以。对于新车的名字，每个人都有自己的一套主张，都会依照自己的主观立场来发表见解，各抒己见，最后只会出现众口难调的局面，名字也就很难确定下来。

艾柯卡他们曾请广告代理公司的命名专家到底特律公共图书馆查野兽的名字，从食蚁兽到斑马，他们找到了几千个野兽的名字，福特公司从中选出了6个：美洲马、美洲狮、印度豹、小马、野马和美洲豹。

在通过一番比较后，他们最终决定以"野马"这个名字来命名他们的新车。不过，他们口中的野马与马无关，而是来自于二战时期威震长空的野马型战斗机。"野马"这个名字一经提出，就赢得了一片赞同声。一提到"野马"这个词，就足以让人产生天马行空的遐想。广告公司曾这样评价"野马"汽车："它有着令人舒适的广阔空间和纯美国式的设计。"

新车的名字确定下来后，有人又指出车头的野马标志奔跑的方向错了，它不该朝着顺时针方向奔跑，而应该与美国赛马场里马跑的方向一样，顺着逆时针的方向奔跑。对于这个具有挑衅性的问题，艾柯卡作了坚决而强硬的回答，他说："我们的新车是匹野马而不是被驯服的马，不管它朝哪个方向奔跑，我敢肯定它的方向都是对的。"

2. "野马"的促销热潮

在距推出新车还有很长一段时间的时候，艾柯卡他们就已开始作市场调研了，他们还进行了很多次测试。在最后的测试阶段，有一次测试的结果令他们感到非常受鼓舞。

那次他们邀请了52对住在底特律附近的夫妇，让他们参观样车。这52对夫妇中，每一对夫妇都已拥有了一部中等大小的汽车，且他们的收入都属于中等阶层，换句话说，在短期内他们并没有买第二部车的打算。艾柯卡他们将这52对夫妇按一定的标准划分为数个小组，然后按小组将他们分别带入展示间看野马车模型，并将他们对野马车的评价作了录音。

通过研究录音，艾柯卡发现新车的式样很受白领阶层夫妇的青睐，而蓝领阶层的夫妇则觉得野马车所体现出的宏大气势，是地位和声望的象征。在被问到他们对这部车的价值估价时，所有人的估价都比车的定价要高，而且他们至少高估了1000美元。在被问及是否有意愿买部野马车时，大部分人都表示不会购买，有的认为它的售价会太贵，有的则嫌车太小，甚至有人担心它不容易驾驶。

但当艾柯卡他们告诉这些夫妇车子的实际售价时，有趣的事情发生了。大部分人立马表示："那我还反对什么？我要定了！"刚才他们所说的所有拒绝购买的借口都在一瞬间消失得无影无踪了。与刚才的反映相反，他们在努力地罗列野马车的各种各样的优点。有个蓝领男士说："如果我把这部车停在我的车位上，我所有的邻居肯定都会以为我在哪里发了横财。"有一白领女士告诉艾柯卡他们："这部车看上去很高档，但卖的却是普通车的价格，太棒了！"

很明显，低廉的价格将会是野马车促销的重点。

野马车的最后定价是2368美元，这体现了艾柯卡他们早期的决定：一定要把这部车的价格定在2500美元以下。

1964年1月，离新车推出也就还有几周的时间，美国经济状况开始大幅好转，而且国会还打算出台有关减免所得税的法案，同时增加个人可支配所得。所有的迹象都显示出当时的美国正处在高度自信和乐观的状态中，这绝对是个好兆头。1964年3月9日，第一辆野马车走下了生产线。

在4月17日正式上市以前，艾柯卡要求工厂至少生产出8160辆野马车，因为只有生产出这么多辆车，才能保证福特公司设在全美的每一个经销商，在野马正式推出的那天，都能够将一部野马车摆放在展示厅里。

在野马车的促销上，艾柯卡他们下了很大的工夫。他们邀请纽约报纸的编辑来迪尔布恩，免费将野马汽车提供给他们试开几个星期。在野马正式推出的前4天，100名新闻记者乘坐70部野马车从纽约来到迪尔布恩，途经700英里但没有一部车发生故障，充分证明了野马车的性能。

艾柯卡他们的这项促销活动取得了惊人的效果，新闻界对野马车显示出了前所未有的热情。大量极具宣传性的文字配合着图片，被几百家报纸和杂志当作头版头条，刊载在显著的位置。

与此同时，展示厅的现场也表现出了可喜的状态。4月17日，福特各地的经销处都挤满了顾客，大量的顾客不断地拥进展示厅，芝加哥的一位经销商还不得不把展示厅的大门锁起来，以免厅内人满为患。一位在匹兹堡的福特经销商说："那天的顾客实在太多了，大家将野马围得水泄不通，我都没办法将它从洗车槽上开下来。"

在得克萨斯州的加兰，一家福特经销商还遇到15个顾客争相出价抢购他仅有的那辆还停在展示窗里的野马车的状况，这让他十分为难，实在不知道应该把它卖给谁。最后，他只好说谁出价最高那辆野马车就归谁，但他还强调，车子不可以当场取走，因为他的展示活动还没结束。结果那个出价最高的人付清钞票之后，坚持要整晚坐在车内，以防止别人再把它买去。

在展示的第一天，野马车就表现出了惊人的魅力，它的成功已毫无悬念。在推出的第一周，它就创下了一个史无前例，甚至可以说后无来者的纪录：7天内有400万人去福特经销处参观它。

毫无疑问，新闻界在制造这场轰动中扮演了极其重要的角色。野马车还同时上了《时代》杂志和《新闻周刊》的封面，这对商业产品来说，无疑是个具有超强威力的炸弹，绝对可以吸引到千千万万人的眼球。那两个杂志都认为野马车将会畅销全世界，艾柯卡觉得不用考虑别的，单是这两本杂志的预言就能使野马车的销量增加十万部。

汽车杂志界也表现出了同样的热情。《汽车生活》杂志评论说："数年来市场所寻找的车终于出现了！"甚至连向来对底特律都没有好感的《消费者报》也对野马汽车作出了高度赞扬："虽然它的生产周期很短，却让人找不到任何粗制滥造的地方。"

为了达到更好的轰动效果，除了新闻界的自愿宣传外，在新车推出那天，艾柯卡他们还在全美2600家报纸上刊登了全页的广告：一张白色野马车的侧照，价钱打在旁边并加上一句旁白"出乎意料的低价"，非常的简单醒目。艾柯卡称这种广告方式为"蒙娜丽莎式"，意思是无论从汽车的靓丽外表看，还是从惊人的低价看，都会让人产生一种购买的欲望。

除了广告外，艾柯卡他们还在国内15个最繁忙的机场大厅展示他们的野马车，也在从东海岸到西海岸的200多个度假宾馆的大厅里展示野马车。在密歇根大学足球赛的赛期，他们在停车场租了几英亩（1英亩=4046.86平方米）大的一块地，竖起一块显眼的广告牌，上面写着"野马停车地"。他们还寄出了数百万份的广告信函给美国那些拥有小汽车的人，向他们介绍野马的优异性能和靓丽外表。

最初艾柯卡他们预计野马第一年可以售出75000辆，随着各项调查的进行，他们预估销售量也在不断地增长，在公开推出之前，他们预计野马一年能卖出20万辆。

在新车推出的第一周，艾柯卡他们就觉得生产野马的工厂不够用了。因为持续供不应求，他们也很难估算出究竟可以售出多少辆。几周之后，齐默尔曼与代顿的福特经销商会了一次面，并告诉他们："我知道你们这里的市场竞争非常激烈，有通用公司在这与你们抗衡。现在野马车卖得非常火，我想看看它究竟有多么受欢迎，我给你们每人10辆野马车作为库存，并且向你们保证，在接到你们的订单后会立即给你们送货。"

代顿的销售结果很惊人，野马车赢得了当地全部汽车市场的百分之十的份额。这给艾柯卡他们带来了很大的鼓舞，9月份开始，他们就组织人改造其他工厂，来扩大野马车的生产规模了。

猎鹰车推出的第一年，创下了417174辆的销售纪录，这个数字也正是艾柯卡想要打破的。艾柯卡他们有一句口号"4月17日卖417000辆车"（4月17日是野马车推出的日子）。1965年4月16日深夜，加州的一个年轻人买了一辆红色的野马敞篷跑车，这是福特售出的第418812辆野马车，艾柯卡他们成功地创造了新的纪录。

在野马推出还不到一年的时间里，市场上就出现了以野马为商标的数百种产品，野马太阳眼镜、野马钥匙链、野马帽子以及给儿童玩的野马玩具车。甚至有个糕饼店的老板还将一个牌子挂在橱窗上，上写着："我们店里的糕饼像野马汽车一样畅销。"

艾柯卡知道野马车真的已经深入人心了。

3. "野马"变肥马

可惜野马车骄人的销售业绩也没能维持几年。在野马热销的那几年，就一直有人提出应加大它的车型，而且他们最终也这么做了。当然，反对改装野马的人也是有的，但他们却无法决定野马被肆意改装的命运。

1968年，在福特年度股东大会上，一位股东对福特公司改装野马汽车深表不满，她抱怨说："雷鸟刚推出时是部相当漂亮的跑车，而你们现在却把它改造得面目全非。野马现在也面临着与雷鸟一样的情况。你们为什么不继续维持它们轻小的车型？它们本来就是借着轻小的车型才大获成功的，你们为什么还要一再加大它们？"

她说的是事实，野马车在推出几年后已不再是那匹闪亮的野马，而成了一匹又大又肥的肥马。

野马被变成了肥马后，它的销售量就一直在直线下降。1966年，野马车的销量是55万辆，1970年则跌至了15万辆。野马车的销量一再地跌，而它的售价却被一再地提高，由原来的2368美元提到了3368美元。车型的变化和售价的提高吓跑了野马的爱好者，从此以后，野马再也没有了大展风采的时候。

1969年底，面对野马的销售惨绩，艾柯卡决定推出野马 II 型，希望可以拯救曾经风靡一时的野马小型车。汽车业的很多人都不相信福特会再次推出小型车，他们认为汽车的发展趋势是越来越大，福特不会不明智地与潮流背道而驰的。而且，他们还相互打赌，说福特绝不会推出野马 II，因为如果将加大后的野马重新缩小回去，就等于在向大众承认自己过去的决策是错误的，是在自己给自己找难堪。

福特过去的决策的确错了，但艾柯卡不愿意让他们再继续错下去。他决定尽快推出野马 II 车型，并把推出野马 II 型车的重任交给了创造野马车的功臣斯帕利希。

没过多久，野马 II 型车的开发就完工了，而且在推出之后也获得了不错的销售业绩，但艾柯卡心里明白，无论他们怎么为野马 II 型车作宣传，它也不可能像早期的野马车那样受到人们的狂热追捧。

第六章　乘胜追击

"变化，变化，变化，这就是汽车业会如此令人着迷的原因。"

1. "美洲豹"的绚丽现身

因为野马汽车的大获成功，1965年1月，艾柯卡被提升为福特公司副总裁，仍主管公司的汽车部门和卡车部门，林肯—水星车系的汽车和卡车部门也被归入了他的管辖范围。

升为福特副总裁后，艾柯卡觉得自己终于成了福特公司的重要人物，也成了为数不多的几位能够有幸与亨利·福特二世共进午餐的高管之一。野马车的大获成功给艾柯卡带来的荣耀也被带进了福特公司的总部，他被公司的要员看作是冉冉升起的新星，前途无量。

副总裁的位子在带给艾柯卡更多金钱和更高地位的同时，也给他带来了更繁重的工作和更大的压力，"把野马汽车的成功带到林肯—水星车系上"，这是艾柯卡上任后亨利给他下的第一个任务。

林肯—水星车系生产的都是高价位、高品位的汽车。公司的初衷是希望买了福特车的顾客，在换高档汽车的时候会买林肯车或水星车，但事实上，很多买福特车的顾客在换高档车时买的是通用公司的汽车。别克、奥兹比尔或凯迪拉克，他们往往是从通用公司的这几款车中进行选择，对于水星或林肯车系，他们并没有多大的兴趣。因此林肯—水星车系一直处在赔本的状态。

在接管林肯—水星车系部门之后，艾柯卡才知道这些车为何难以激起人们的兴趣，并不是因为它们的质量不好，而是因为它们没有鲜明的特征，也就是说林肯—水星车系缺乏独特的品牌形象。

艾柯卡觉得唯有推出形象鲜明的新车才能够挽救林肯—水星车系。经过两年多的努力，艾柯卡带领他的团队开发出了两个新车型：豪华型跑车水星美洲豹和大型豪华轿车水星侯爵。

为了让新车的出现能带给人们更大的视觉冲击效果，艾柯卡决定将新车的首次亮相地点定在圣托马斯岛。

水星侯爵车是在游轮上初次与经销商见面的，为了让水星美洲豹的亮相更绚丽惊人，艾柯卡他们为此作了精心的设计。

水星美洲豹的亮相被选择在圣托马斯岛的沙滩上，耀眼的火炬将整个沙滩照耀得如梦幻般缥缈神秘，随着活动盘道的缓缓放下，经销商们都屏住呼吸，静静地恭候那晚的主角。等活动盘道铺好后，一辆闪闪发光的白色美洲豹就顺着盘道缓缓地驶入了沙滩，绚丽的色彩，流畅的线条加上朦胧的火光，实在是美妙到了极致，在场的人都醉了。当车子驶到盘道中间时，车门打开了，一位歌星从车内走了出来，向在场的人一展歌喉。

艾柯卡觉得这次的新车展示会是他这辈子见到过的最精彩的展示会，从经销商们兴奋的表情上，艾柯卡看出美洲豹所带给他们的惊喜是多么大。他知道经销商们有好多年没见到过如此令人兴奋的汽车了，美洲豹的出现必然会让他们欣喜若狂的。

正如美洲豹的亮相带给经销商们的惊喜一样，它的销售量也让他们兴奋不已。没用多久，美洲豹就成了林肯—水星车系中最引人注目的车型。现在，状况良好的1967年美洲豹已成了汽车收藏家的宝贝。

没有特色的产品永远无法给消费者留下深刻的印象，艾柯卡从以前林肯—水星车系的失败中总结出了这个经验。为了让水星美洲豹永远留在人们的记忆里，他将美洲豹的形象赋予了林肯—水星车系，使它成为了该车系的标志。在这之前，人们对林肯—水星车系几乎一无所知，但现在却几乎达到了尽人皆知的程度。

2. 全世界最舒适平稳的豪华汽车

　　美洲豹以其绚丽的外表和优异的性能博得了消费者的一致好评。与美洲豹相比，侯爵车的外形更沉稳大气，是高级轿车，艾柯卡认为对它的宣传促销应以突出它的平稳性为重点，告诉所有人侯爵车的防震功能是世界一流的。

　　为了体现出侯爵车是全世界最舒适平稳的豪华汽车，艾柯卡请艾克哈德公司拍了好几组电视广告片。其中一组是将消费者的眼睛蒙起来，然后让他们乘坐由同一个司机驾驶的不同品牌的汽车，乘坐完数辆汽车后，请他们评选出最舒适平稳的一辆，他们都异口同声地说："当然是侯爵！"

　　除了上面提到的那组电视广告片，艾克哈德公司还为侯爵拍摄了一组更有创意的，宣传效果更好的电视广告片，其中有一个短片是这样的：崎岖不平的路上行驶着四辆侯爵车，在第一辆车的后座上摆放着一件裘皮大衣，大衣的上方悬挂着一个盛满浓硫酸的容器，虽然车子一直在行驶，但容器里的浓硫酸却一滴也没有洒到昂贵的大衣上。在第二辆车的后座上摆放着一架留声机，正播放着唱片，虽然车子是在崎岖的路上行驶，但并未导致留声机出现震动，唱片一直在流畅地播放着。

　　为了更吸引观众的眼球，在第三辆车里摆放的不是什么物体，而是足球明星巴特·斯塔尔。巴特·斯塔尔闭目斜躺在后座上，安心地享受着理发师用剃刀给他刮脸的过程。锋利的刀片在他脸上划过，却分毫没有伤到他。第四辆车的设计也很独特，不过艾柯卡他们付出的代价有点大。在第四辆车的后座上摆了一个装有易爆物硝化甘油的容器，汽车在凹凸不平的山路上行驶，但车上的容器却丝毫未出现晃动。

为了让效果更逼真，在宣传片的最后，艾柯卡他们用车上摆放着的硝化甘油把车给炸了。车子爆炸时的轰动场面同样在观众中引起了轰动效应，他们对侯爵车的评价非常好。

在艾克哈德公司为侯爵车拍摄的一系列宣传片中，有一组还成为了经典镜头，几年后被搬进了电影里。宣传片的画面是这样的：一辆在凹凸不平的山路上行驶的侯爵车里，坐着一位正在全神贯注地切割钻石的荷兰钻石匠，一颗精致小巧的钻石在他手中来回地转动着，锋利的刻刀丝毫不差地切割出了钻石的各个侧面。后来电影《周六夜生活》将这个画面纳入了他们的影片里，不过作了修改，用犹太法师取代了钻石匠，被切割的钻石被换成了等待行切割礼的初生婴儿。

3. 重振"马克"车系的雄风

20世纪30年代的末期，艾德索·福特曾为那些品位极高的顾客生产了一批马克型豪华轿车，虽然当时这个车型的生产量不大，销售对象也很单一，但它却是一部经典之作。50年代中期艾德索的儿子比尔·福特在马克车型的基础上开发出了马克Ⅱ型汽车。艾柯卡认为这两种车型都非常棒，是汽车中的极品，与劳斯莱斯有的比。它们是许多人的梦中之车，但昂贵的价格却不是每个人都负担得起的。

艾柯卡觉得时隔了几年，到了该重新推出马克车系的时候了。于是在雷鸟车型的基础上，艾柯卡团队作了大幅度的改动，使它的外形更新颖独特，并将它命名为马克Ⅲ。马克Ⅲ型汽车的前盖很长、后盖很短，引擎用的是八缸的。为了承袭马克车系的一贯作风，在马克Ⅲ的后面也设有备用胎。马克Ⅲ的出现带给人的第一感觉就是宽敞、气派，而且卓尔不群。

在推出马克Ⅲ的展示会上，一位记者将它比作二战中德军参谋长的坐驾，这让艾柯卡听后心里一阵纠结。他知道那名记者是在赞扬马克Ⅲ，但对德军的愤恨始终未曾从他脑海里消失过，二战时期，未能参军的遗憾又被勾了起来。

马克Ⅲ型是在1968年4月推出的，推出后的头一年，它的销量就超过了凯迪拉克爱都，超额完成了艾柯卡团队预定的目标。

为了让马克Ⅲ型引起更多人的关注，艾柯卡决定在全美的多个大城市同时推出它，而且要让它的现身有足够大的排场。在好莱坞，他们把它放在皇宫剧院的舞台上，观众可以走上一级级的台阶去欣赏它，那阵势仿佛是在向国王朝觐。在底特律，马克Ⅲ型的推出被选在了美国报纸发行人的晚宴上。

与往年不同的是，旋转台上站着的不是供观赏的汽车，而是报纸发行人，随着旋转台的旋转，他们的视线不断地被转移，许多早期的林肯车和马克车就一一地被展现在了他们眼前。最后，关着的帷幕被拉开，神秘的马克Ⅲ型终于现身了。气派的外表引得全场注目，许多发行人当场就签了订单。

俗话说："大车赚大钱。"售出1部马克Ⅲ型车所得利润大约是2000美元，差不多是售出一辆猎鹰车的10倍，利润空间简直大得惊人。据艾柯卡回忆，后来马克Ⅲ赚得更多，以至于他都有点记不清了。马克Ⅲ让艾柯卡在自己的事业上又创造了一次辉煌。

第七章　走向事业巅峰

"事实上，登上梦寐以求的总裁宝座之后，我的感觉其实并不是很好，甚至有些落寞。为了攀上事业的巅峰我花费了那么多年的心血，然而，一旦目标真的实现了，我又开始怀疑自己如此卖命地向前冲是为了什么。40岁出头就登上了总裁宝座，我在享受它给我带来的声望和权力的同时，也迷失掉了自我，找不到新的奋斗目标。"

1. 通往总裁之路上的障碍

马克Ⅲ型的大获成功，让艾柯卡赚足了人气，亨利·福特视他为亲信，福特的高级管理层对他也是一致好评，所有的现象都表明下一任的福特公司总裁位子非他莫属。

然而，天有不测风云，命运偏偏在此时与他开了个很大的玩笑。福特汽车公司的对手通用汽车公司把西蒙·努森送到了亨利面前。

当时西蒙·努森是通用汽车公司的执行副总裁，在汽车界的声望很高。很少有人叫他西蒙，或者努森，而是叫他邦凯。邦凯是麻省理工学院工科毕业的高才生，44岁时就成了庞蒂亚克部门的总裁，而且还是通用汽车公司有史以来最年轻的部门总裁。

邦凯之所以在汽车界名声很大，不仅仅是因为他过人的才干，还因为他的父亲曾担任过通用汽车公司的总裁，人们普遍猜测他一定能够子承父业，也同样成为汽车公司的总裁。但决定权往往只掌握在少数人手里，尽管通用的大多数人很看好邦凯，但公司的大领导却将总裁的桂冠戴在了一个名叫埃德·科尔的人头上。

任用通知一下来，邦凯马上就明白自己在通用汽车公司的职业生涯已到顶了，再无攀升的机会了。于是，他就考虑辞职。

一打听到邦凯有辞职的念头，亨利兴奋得连连拍手，并立即给他打电话。他之所以会那么兴奋，是因为他觉得上帝给了他一次打败通用汽车公司的绝好机会。他认为邦凯在通用公司做得那么好，他的身上肯定带有通用公司优秀的基因。他要先下手为强，将这个人才抢到福特来，为他所用。

亨利向来喜欢隐秘行事，为了不让外界察觉到他在与邦凯交涉，他模仿特工007，从出租车公司租了一部奥兹比尔，穿上雨衣，戴上墨镜，亲自开车去了邦凯家。

一个星期之后，邦凯就走马上任了，成了福特的总裁，还领着与亨利一样多的年薪——60万美元。为了让邦凯顺利登上总裁之位，亨利煞费苦心地设计了一个职位，叫副董事长，明升暗降地将已经当了五年总裁的米勒移到了这个位子上。心有不甘的米勒在一年之后就辞职了，到斯坦福大学的商学院当了院长。

邦凯上任的那个星期刚好是1968年的感恩节，那时艾柯卡正与家人在外度假。

感恩节一过，艾柯卡就去见亨利。亨利告诉艾柯卡让邦凯任福特总裁是他的主意，他还说他知道这样会令艾柯卡不高兴，但他仍希望艾柯卡能以大局为重。他深信引进通用汽车公司的高级管理人员，可以使福特汽车公司在未来几年内出现质的飞跃。为了安慰艾柯卡，他语重心长地对他说："你仍然是我最信任的人，你还年轻，邦凯的加入可以让你学到更多东西。"

邦凯入主福特的消息公布后不久，艾柯卡就接到了西德尼·温伯格的电话。温伯格是亨利的资深顾问，也是艾柯卡的好朋友，他非常欣赏艾柯卡，总叫他"利哈伊"。他知道邦凯的到来肯定让艾柯卡很郁闷，但他劝艾柯卡不要一气之下离开福特。他告诉艾柯卡，邦凯的辞职让通用汽车公司很高兴。有位通用汽车公司的高级经理还曾毫无避讳地告诉他说："福特为我们解决了一个大难题，邦凯的何去何从问题曾让我们很头痛，不过现在仁慈的亨利帮我们解决了这个难题，我们真的很感激他。"

温伯格安慰艾柯卡说："艾柯卡，你一定要沉得住气。假如邦凯真的那么差劲，属于你的职位很快就会回来的。"

艾柯卡觉得亨利的承诺和温伯格的安慰，对他来说并没有起到太大的作用，他依然非常气愤，他太想成为福特总裁了，太想攀上事业的巅峰了。他觉得他为福特创造的价值足以将他推上总裁的宝座，除了他，没人有资格坐在那个位子上。

有那么几周他很想辞职，他的校友西格尔想让艾柯卡到他的公司去，与他一同执掌自己的公司。他劝艾柯卡说："如果你留在福特，你就得一直受亨利的摆布。他错过了一次重用你的机会，以后就很可能会有第二次、第三次。"

艾柯卡觉得西格尔说得很有道理，他提供的工作也很有吸引力。他把这件事告诉玛丽时，玛丽也很赞成艾柯卡去西格尔那儿，她说："至少每天我们都可以吃到新鲜的海产品。"

但最后，艾柯卡还是没有离开福特。他说他最爱的只有汽车业，他也爱福特公司，他无法想象离开汽车业他的生活将如何继续下去。

2. 登上总裁宝座

邦凯从通用汽车公司转入福特汽车公司，很快就成了底特律的热门话题。从事汽车业的人，要么一辈子待在一家汽车公司，要么彻底离开汽车业，很少出现跳槽到竞争对手那儿工作的情况。通用汽车公司的员工向来以对公司的绝对忠诚而闻名底特律，有史以来从未出现过这种情况，邦凯开的实属先例。

亨利对邦凯的任命宣布时，福特的许多高级经理心里都很不舒服，他们猜测亨利的脑子是不是坏掉了，竟然让通用汽车公司的人来掌控福特公司。艾柯卡当时也很担心，因为他听人议论说邦凯会让他在通用时的助手约翰·德洛里来替代他的职务。幸运的是，那不过是个谣言而已，没过多久就不攻自破了，因为邦凯一直没有招徕老部下的举动。

亨利满怀期望地将邦凯引进福特，目的是为了让他将通用公司成功的秘诀传授给福特公司。但很快亨利就发现自己的如意算盘打错了，通用的那套管理方法根本不适用于福特，而且邦凯也只是徒有虚名，并没有多高的管理才能。通用公司不让他做总裁是很明智的决定。

邦凯顶着巨大的压力来到福特，很想有一番大作为来证明通用放弃他是多么的不明智，而亨利选择他又是多么的慧眼识珠。但很遗憾，他的努力只证明了他是多么失败。他一来福特就要求加大野马的车型和重量，他还一意孤行地下令重新设计雷鸟，使它看上去像庞蒂亚克，结果让福特失去了大批客户。他是个跑车迷，但他并不明白跑车的鼎盛时期已一去不复返了。

虽然邦凯是福特的总裁，但公司的员工却都不买他的账，他又没能从通用公司招徕一兵一卒，所以除了亨利外，他连一个支持者都没有，完全是在陌生的环境里孤军奋战。10年之后，当艾柯卡入主克莱斯勒公司时，他就时刻以邦凯为戒，努力筹建自己的团队，寻找拥护自己的人。

邦凯在福特的日子并不好过，新闻界常常把他不好过的原因归咎于艾柯卡，说是艾柯卡带头反对邦凯的。事实上，邦凯的失败与艾柯卡一点关系都没有，完全是他自食恶果。他适应不了福特的管理制度，还常常越权，干涉包括艾柯卡在内的其他高级经理的事务。

邦凯的总裁只当了19个月就被解雇了。而他被解雇的原因很富有喜剧色彩。他被亨利·福特解雇，不是因为他毁了野马和雷鸟，也不是因为他的滥用职权，而是因为他没敲门就走进了亨利的办公室，是的，就是因为没敲门。

据亨利的助手描述："亨利当时都快被气疯了，邦凯竟然不敲门就闯了进来。"在别人看来这也许不算什么，但在亨利看来，这种情况是绝对不允许发生在他身上的。连门都不敲就闯进来，简直是对他的公然挑衅。亨利觉得只有他才是福特王国的国王，他不允许任何人与他平起平坐，他不需要其他人的亲近，只要他们的敬畏与崇拜。然而，对于这一点，邦凯直到离开的那一天也没明白过来。

在福特公司，要想长期待下去，就不能与亨利走得太近，否则，迟早会为自己招来祸患的。在这之前，比彻姆就曾告诫艾柯卡："离亨利远点，他是个没有感情的冷血动物，他的血管里流的是蓝色的血液，而你血管里的血液却是红色的。"

亨利是个狡猾的人，想要开除邦凯，却又不亲自出面做这个恶人。在劳动节那天晚上，他派公共关系部副总裁特德·梅克去邦凯家传达他将被解雇的消息。第二天一大早，亨利就去找艾柯卡，告诉他邦凯将被解雇。他把这个消息告诉艾柯卡，是希望得到艾柯卡的支持，他知道解雇邦凯对艾柯卡最有利。

对于邦凯被解雇这件事，艾柯卡的心情很复杂。邦凯的走确实让他很高兴，但又很同情他，一个堂堂的福特总裁就这样被赶下了台。同时，艾柯卡也很后怕，他不知道是不是有一天亨利也会这么对待他。

当他晚上回家与玛丽谈论起这件事时，玛丽就问他："那你还在留恋什么，为什么不趁早离开？"艾柯卡也很犹豫，但他最终又一次决定留下。

邦凯的离开让艾柯卡看到了希望，他满心欢喜地等着亨利升他为总裁。但令他遗憾的是，亨利不仅没有升他为总裁的意思，还设立了一个由3个人组成的总裁办公室，为了安抚艾柯卡，他将福特在北美洲的业务给了他，使他的地位比另外两个人的高些。

即使亨利将艾柯卡摆在了比其他两个人更重要的位置上，也未能让艾柯卡失落的心情好转多少。不过还好，这个三人的总裁办公室只存在了一年，第二年的12月10日，艾柯卡终于迎来了他期盼已久的礼物，如愿以偿地当上了福特的总裁。

在任命被正式公布的前几天，亨利就到艾柯卡的办公室告诉了他这件事。当时艾柯卡心跳得非常快，他觉得这是圣诞老人给他的最好的圣诞礼物。

亨利一离开办公室，艾柯卡就打电话把这个好消息告诉了玛丽。然后又打电话给他的父亲。艾柯卡觉得父亲是经历过大风大浪的人，他漫长而多彩的一生中有着许多快乐的时刻，但当他把自己升任总裁的消息告诉他的那一刻，他所发出的激动的声音，足以让艾柯卡断定他又经历了一次快乐的时刻，而且是一生中最快乐的时刻之一。

3. 大展身手

艾柯卡升任总裁时，福特汽车公司约有43万名员工，单单薪水这一项公司就得支付他们35亿美元。1970年，整个福特公司的营业额是149亿美元，而净利润只有5.15亿美元。

　　5.15亿美元听上去很庞大，但它却只是营业额的3.5%。而在20世纪60年代初期，福特的利润率一直都是5%以上。艾柯卡暗下决心，一定要让福特回到60年代辉煌的样子。

　　财富的积累只有两个方法，一个是开源，另一个是节流，这是人人都懂得的道理。艾柯卡当时觉得，在开源方面福特公司已经做得很好了，他们的销售量一直很乐观。所以，要想提高利润率只能从节流入手，削减掉那些不是很必要的开支。在了解了福特的工作流程后，艾柯卡觉得节流的办法很可行，流程中大有削减的空间。

　　艾柯卡向来是个雷厉风行的人，说干就干。他的第一个行动就是召开公司高层经理会议，讨论被他称为"4个5000万"的削减成本的计划。"4个5000万计划"意思是要福特在4个方面分别减少5000万美元的开支。他所指出的4个方面分别是：减少机械故障，降低维修成本；防止产品复杂化，减少成本开支；控制设计成本，减掉不必要的浪费；缩短工期，提高效率。

　　艾柯卡相信，如果他的这个计划在3年内可以完成的话，即使福特的销售量保持在现有的水平，他也能让福特的利润再增加两亿美元。

　　引进先进的设备，缩短工厂的改装周期；充分利用火车的货运车厢，尽量减少车辆运输成本。同时，他还向公司的所有部门下了最后通牒，各部门经理必须在3年内让自己负责的部门赚钱，否则福特将会毫不留情地关闭他们负责的那些赔钱的部门。

　　艾柯卡知道，像福特那样的大公司，肯定存在着许多亏本或获利微薄的部门。但从一个商人和职业经理的角度出发，他认为公司每一个部门存在的价值就是为公司谋利。如果一个部门不能为公司赚钱，甚至还拖累其他部门，那它就没有存在的价值了，就理应被关闭。结果，仅在20世纪70年代初期，艾柯卡就关闭了福特20个主要的亏损部门。

在成为福特总裁之前，艾柯卡一直将目光盯在业务、销售和设计领域，也就是一直在想着如何为公司开源。但当上总裁后，他发现节流与开源一样的重要，如果只开源不节流，他们辛苦赚来的钱迟早会被浪费掉。即使他知道削减开支、关闭亏损部门是件出力不讨好的事，会得罪很多人，但为了整个公司的利益，他必须做。

随着一系列节流措施的实施，福特公司的利润确实出现了令人欣喜的增长。艾柯卡觉得自己的努力终于没有白费，他的计划成功了。就连那群一向很怀疑艾柯卡能力的财务专家们也开始敬佩他了。

4. 名列黑社会暗杀名单

身为总裁，艾柯卡的职责是掌控全局，尽管他在努力地改善自己的管理方法，但他还是发现自己的精力往往不够用。虽然他不愿意承认这个事实，但他的确不再是那个"野马时代"精力旺盛的年轻人了。那个时候的他晚上只需吃个汉堡，就可精力十足地加班到半夜。

那个时候的福特有五十多万名员工，艾柯卡的工作就是让这五十多万人每天都井井有条地忙起来。每天，艾柯卡得处理一堆各种各样的事务，忙得他甚至连给朋友回个电话的时间都没有。尽管如此，艾柯卡还是努力地维持自身的健康，因为他觉得没有什么比自身的健康更能给朋友们带来安慰了。

工作的繁忙并没有打乱艾柯卡的生活，他仍然遵循着长久以来一直坚持着的每周作息表。除非是出差在外，否则他的周末时间一定会留给他的家人，直到周日晚上才会重新打开自己的公文包，阅读公司的报告，计划下周的工作。

　　艾柯卡觉得，每周的周一都是他精力最充沛的时候，他整装待发，准备在接下来的一周内全力冲刺。他期待福特的所有员工都能像他一样努力，所以他必须为他们作出榜样，因为他的速度决定了整个团队的速度。他必须全力以赴，才能带领大家跑得更快更远。

　　在担任福特汽车公司总裁的那几年里，艾柯卡经常听到有人对他说："即使把全世界的钱都给我，要我去坐你的位子，我也不会去的，那简直就是在经受磨难。"对于他们的这些话，艾柯卡向来一笑置之。他深爱他的工作，繁重的工作可能会让他人心力交瘁，却让他精神振奋，觉得自己每天都在挑战自我。

　　事实上，登上梦寐以求的总裁宝座之后，他的感觉并不是很好，甚至有些失望。为了攀上事业的巅峰他花费了那么多年的心血，然而，一旦目标真的实现了，他又开始怀疑自己如此卖命地向前冲是为了什么。40岁出头就登上了总裁宝座，他在享受它给他带来的声望和权力的同时，也迷失掉了自我，找不到新的奋斗目标。

　　福特总裁的位置给他带来了声望和权力，也让他成了汽车业，甚至是整个美国的风云人物。名气的增长有时候是好事，有时候不见得是什么好事，艾柯卡就曾深刻体会过这一点。

　　因为平时没有时间娱乐，所以他总习惯于在上班的路上收听收音机里的节目。一个星期五的早上，他一如既往地收听着车载收音机里的节目，因为对当天的节目内容不是很感兴趣，所以一路上他都是心不在焉地听。突然，播音员打断了正在播放的节目，要向听众宣读一份全美著名企业领袖的名单。他说这份名单是曼森家族列出来的，是他们准备暗杀的黑名单。

　　曼森家族是一个邪教组织，他们的头目叫詹姆斯·曼森，被人们公认为是"世界上活着的最危险的人"。播音员播报的那份名单引起了艾柯卡的兴趣，他注意听着名单上列出的每一个名字。

突然，他听到了自己的名字，心头一紧，马上从汽车靠背上坐了起来。

　　不过幸运的是，曼森家族的这个谋杀行动还没来得及进行，就被联邦政府剿灭了。艾柯卡的威胁也就被解除了。不过，那次的经历却一直让他记忆犹新，他经常与朋友开玩笑说："想从早晨的混沌中猛然清醒过来并不难，只要让别人告诉你，你已被列入了邪教组织的暗杀名单就可以了。"

5. 在福特度过的幸福时光

　　福特总裁的工作确实很繁忙，但艾柯卡对此却毫无怨言。他觉得如果将亨利比作福特王国的国王，那他就是王储，而且是深得国王宠信的王储。

　　艾柯卡记得，亨利曾经带着他的太太到他家与他们共进晚餐。当时艾柯卡的父母也在，亨利几乎整晚上都在赞扬艾柯卡，告诉艾柯卡的父母他们的儿子是多么棒，他是多么看好他。亨利甚至还带着艾柯卡去见他的好友约翰逊总统。

　　在刚当上总裁的头几年，他觉得自己简直是生活在天堂里。福特的玻璃大楼就如同皇宫一样，有些地方甚至比皇宫还要好。环境优美，温度适宜，白领侍者随叫随到。高级经理们享受的都是皇宫贵族般的待遇。

　　中午，艾柯卡他们会在高级经理餐厅一同用餐。那可不是个普通的自助餐厅，而是全美国最好的餐厅：漂沙鱼是每日从多佛海峡空运过来的；水果从来都是最新鲜的；鲜花都是从外国进口来的，还有美味的巧克力，各式各样的点心……只要你能想到，你就可以在高级经理餐厅见到。

福特公司并不为员工提供免费的午餐，高级经理餐厅也不例外。

在高级经理餐厅用餐的高级经理们每餐要付两美元。虽然只是两美元，还是引来了那些精明的财务专家们的抱怨。在米勒还是主管财务的副总裁时，他就抱怨过午餐费用不合理。他说："公司不该让我们交午餐费用的，他们可以直接从我们的工资里扣嘛。我们自己付的餐费是我们的税后支出，而我们在座的每个人都是所得税扣缴比例最高的阶层，我们所赚的钱有百分之九十是要上缴国家的，所以公司虽然表面上只收了我们两美元的午餐费，但实际上我们付出的是20美元。"

发现问题就要想办法解决它，这是福特公司的一贯作风。为了了解高级经理们午餐的真正费用，艾柯卡作了一系列的统计。原本是想找回自己的损失，但统计的结果却让那群高级经理们再也没有了抱怨的理由。统计结果显示他们每人一餐所花费的费用是104美元，这可比20美元多多了。

高级经理餐厅里的食物应有尽有，而且都是世界上最好的，但亨利这位大老板的午餐却从来都只是一个汉堡。这并不是因为他节俭，而是因为只有高级经理餐厅里的汉堡才合他的胃口，在其他餐厅里他根本找不到这样的汉堡。

第八章 君臣失和

"我越了解亨利，就越为公司以及我个人的前途担忧。"

1. 面对被宠坏的孩子

在成为福特公司总裁以前，艾柯卡与亨利的接触很少，对他也并没有什么了解。但做了总裁之后，他的办公室就被安排在亨利的办公室旁边，与他见面的次数就变得很频繁了。虽然他们见面的机会大多是在开会的时候，但对于亨利的为人，艾柯卡还是有很多机会去了解的。可对亨利了解得越多，他就越对公司以及他自己的前途担忧。

艾柯卡发现亨利就是个花花公子，他所有的精力都被花在了吃喝玩乐上，对于工作却从不上心。人们都认为亨利的毕生所好有三样：美酒、女人和歌舞，但艾柯卡却不这么认为，他觉得亨利并不喜欢女人，甚至可以说除了他的母亲外，他对所有的女人都不屑一顾，他那些失败的婚姻就是很好的例证。

艾柯卡认为亨利之所以对自己的母亲很敬重，不仅仅是因为她给了他生命，还因为是她给了他今天的荣华富贵。亨利的父亲很早就去世了，在他去世时，他将福特公司交给了他的妻子，也就是亨利的母亲。后来她又将亨利扶上了福特董事长的宝座，尽管遭到了许多人的坚决反对，但她还是抗住压力力挺自己的儿子。

她的存在是亨利最大的顾忌，但不幸的是，她在1976年就辞世了。在这个世界上唯一一个能让亨利敬重的女人走了，从此以后，他的世界也就陷入了一片混乱。

艾柯卡的太太玛丽很早就看出了亨利的为人，她经常提醒艾柯卡："酒后现原形，你要小心亨利，他可是个小人。"

福特的玻璃大楼就像是皇宫，亨利就像是这座皇宫的君主。每当有人看到他进入玻璃大楼，就会向其他人传话说："国王驾到了。"听到某些人的传报，那些想讨好亨利的人就会故意在大厅里来回穿梭，希望有幸被亨利看到他们忙碌的身影。

在艾柯卡看来，亨利的做派也很像国王，而且是那种武断专横又残忍的国王。他掌握着所有福特人的前途和命运，如果他不喜欢某人，一分钟内，他就可以斩断那个人在福特的生命，让他的似锦前程毁于一旦。更要命的是，他还很虚浮，常常以貌取人。如果某人的穿衣风格和说话方式与他的对口，他就会对他格外亲切，甚至大加任用，否则别说想出人头地，饭碗能不能保得住还得看亨利当时的心情。

有一次，亨利命令艾柯卡开除一个经理，原因是他觉得那个经理是同性恋。这个理由让艾柯卡觉得很好笑，他为那个经理辩解说："嘿，亨利，这种玩笑开不得，你说的那个经理是我的好朋友，他早已结婚，还有个小孩，我们经常一起吃晚餐的，他很正常。"

亨利毫不理会艾柯卡的解释，提高了嗓门重复说："你给我开除他，他是个同性恋。"

艾柯卡坚定地说："绝对不可能。"

亨利只好说出他的理由："你见过他穿的裤子吧，他的裤子那么紧。"

艾柯卡对亨利的无理取闹很无奈，但仍希望挽回局面，于是他问亨利："亨利，他的裤子与你说他是同性恋有什么直接关系啊？"

亨利说："他的行为很怪异，整天扯着一副娘娘腔的嗓子到处讲话。开除他！"

艾柯卡听到亨利歇斯底里的叫声，知道再与他争论下去只会把事情弄得更糟。为了让他的朋友不至于丢了饭碗，艾柯卡只好将他降级，并调出玻璃大楼，以避免被亨利再次遇到。

武断专横是亨利的一大缺点，但他却把它当作一种树立威信的权术。

在艾柯卡初任福特总裁时，亨利就向艾柯卡宣扬他的管理哲学："千万不要让你的下属太安心了，以为自己就是老板，可以随心所欲地为所欲为。要想管住他们，你就得给他们点厉害看看，不要做他们期望你做的事情，要让他们因猜不透你的想法而惶恐不安。"

也许有很多人都非常疑惑亨利作为福特公司的董事长、全世界最有权力的人之一，为什么会像个被宠坏的孩子一样不可理喻？他怎么会那么缺乏安全感？

艾柯卡猜想一切或许都与他的出身有关。他是含着金汤勺出生的，他的荣华富贵在他出生以前就被准备好了，他根本不需要去奋斗。这是他的一大优势也是他的致命之处。他所走过的路都是坦途，根本不知道如何经营事业，所以他非常担心有人会抢走父辈留给他的赖以生存的家产。没有人会告诉亨利他是多么无能，因为他是福特王国的国王，所有人都得看他脸色生活。

并不是所有的富二代都缺乏安全感，亨利之所以会如此特别，是有着深刻的家族渊源的。在亨利很小的时候，他的祖父老亨利非常害怕自己的亲人被绑架，就将亨利他们都放在与世隔绝的环境中养育，即使偶尔外出也都会派保镖跟随他们。除了极亲近的家人外，不可以相信任何人，这是老亨利教给亨利他们的处世哲学。

亨利完全学会了他祖父的处世哲学，甚至做到了青出于蓝，在很多方面是有过之而无不及。比如说他绝不会轻易留下自己的笔迹。艾柯卡发现虽然他们俩在玻璃大楼里共事了将近8年，但他却很难从自己保存的档案材料里找到任何经亨利签署的文件。亨利对自己这种不留笔迹的做法不仅不避讳，还经常向人大肆宣扬，以此作为自己行事谨慎的佐证："这些东西留下来有百害而无一益，任何保留自己档案的人都会为自己招惹来麻烦。"

在艾柯卡还是福特总裁的时候，有一次，亨利请著名的加拿大摄影师卡什为自己拍照。一流摄影师的名号果然名不虚传，他所拍出来的亨利相当精神。亨利也非常喜欢他那次拍的相片，就冲洗了很多张，并附上他的亲笔签名，寄给自己的亲朋好友。

有一天，亨利的助理拿了他的那张照片给艾柯卡看，艾柯卡也觉得拍得非常棒，就说："照片真不错，不过我还没有亨利的照片呢，能给我一张吗？"

他说："当然可以，我这就去请他给你签个名。"

等了好几天，艾柯卡都没见到亨利的签名照片。后来，亨利的助理告诉他："当时福特先生说他不想立刻在照片上签名，所以我就把照片留在了他的办公桌上。"又过了一段时间，艾柯卡有事找亨利商量，就去他的办公室找他，在他的办公桌上正摆着一张他的照片。

亨利发现艾柯卡正在看那张照片，就说："这张是准备送给你的，但我一直没抽出时间在上面签个名。"

可直到艾柯卡离开福特的那一天，他也没能收到亨利亲笔签名的照片。也许在亨利看来，只有与他是亲密关系的人才可以得到他亲笔签名的照片，而他的总裁并不在他的亲密人物之列。

据艾柯卡回忆，甚至在他们最亲密无间的时候，亨利也没有留下任何能证明他们之间深刻友谊的东西。艾柯卡事后猜想，也许是他知道有一天他会厌恶自己，为了避免被要挟或伤害，所以他不愿留下任何能证明他们友好关系的证据。

2. 被"亨利国王"不计后果地夺权

1975年，亨利的身体状况开始变得糟糕，他时常感到胸口疼痛，一向自以为是的亨利这才意识到自己不过是个普通人，也有死掉的那一天。

对死亡的恐惧加剧了他的不安全感，甚至使他有点失去理智。他原本就提防艾柯卡，在1975年，这种防御心理被升格为了猜疑和排挤，甚至想将艾柯卡及其朋友赶尽杀绝。

在这一年，艾柯卡也清楚地感受到了亨利的敌意，他猜想亨利每天很可能都是从噩梦中惊醒过来的。他猜亨利每天醒来想的第一件事就是："我必须马上采取行动，绝不能眼睁睁地看着那个意大利佬抢走我的公司。我的心脏已经很脆弱了，而他还健壮得像头公牛，我肯定活不过他的。如果有一天我离开了这个世界，我的公司肯定会被他篡夺的。也许在我尸骨未寒的时候，他就会迫不及待地将我的名字从公司大楼上取下来，然后挂上自己的名字，福特汽车公司转眼间就变成了艾柯卡汽车公司。到时候，我的子孙岂不要成为他的奴仆？"

艾柯卡猜想亨利肯定不止一次地那样想象过自己夺走他的公司的情景，他认定自己会夺走他们福特家族的财产，认为不除掉自己他就会死不瞑目的。但艾柯卡也知道亨利是不敢对自己太过分的，因为他毕竟是福特公司的总裁，一人之下万人之上，福特的实际经营权是掌握在他手里的。狡猾的亨利也明白这一点，所以他并没有对艾柯卡进行直接攻击，而是采用马基雅维利的权术，对他进行羞辱、逼着他自行辞职。

1975年初，艾柯卡应邀参加了《时代周刊》组织的企业领导人访问团出国访问的活动，活动为期两周。亨利觉得艾柯卡的此次出行是上帝赐给他的绝好机会，他应该好好把握，争取一次就将艾柯卡踢出福特。于是，趁艾柯卡没精力关注福特的情况，他向艾柯卡丢出了第一颗原子弹。

当2月3日艾柯卡参加完访问活动回到美国时，发现他的助理早已在机场等候他了，这令他感到不妙，猜想一定发生了什么重要的事情。

"你来这儿等我有事吗？"艾柯卡迫不及待地问他的助理。

"我们有大麻烦了。"他的助理回答他。

在回福特公司的路上，艾柯卡的助理向他简略报告了他不在的这段时间公司所发生的一系列事情。就在前几天，也就是当艾柯卡他们的代表团正在与沙特阿拉伯的费萨尔国王会晤时，"亨利国王"召开了高级经理特别会议。

亨利告诉高级经理们重大的经济衰退将再次降临美国，福特必须马上采取行动以求自保。因此，他下令取消20亿美元的研究经费，终止开发未来产品的计划。亨利的这个决定无疑是在将福特推向绝路，他让福特具有竞争力的产品夭折了，这些夭折的产品中包括他们急需的小型车。

艾柯卡心里很清楚亨利的这个决定是冲着他来的，他想趁自己不在的这段时间夺走属于自己的职权和责任，架空自己。

艾柯卡觉得亨利对付自己的方法简直可笑至极，他是在拿福特公司的命运当儿戏。同时，艾柯卡也觉得自己的肺快被气炸了，他猜不出为什么自己的老板会那么无知。石油输出国组织已经非常清楚地向汽车界传达了信息，如果不赶快生产小型车，就只会走向绝境。

墨菲是福特的资深董事，也是艾柯卡的好朋友，他经常会给艾柯卡一些真诚的劝告，告诉他如何与亨利相处。有一天，墨菲来到艾柯卡的办公室对他说："亨利现在遇到了件麻烦事，他正和他的太太闹离婚，你要体谅他。"

就在亨利忙着离婚的时候，福特1974年第四季度出现了1200万美元的营业损失，这个数字对福特来说不算什么，却是福特汽车公司自1946年以来出现的首次营业亏损。因此可怜的亨利除了要担心他那糟糕的身体和随时都会破裂的婚姻外，还得担心福特的未来，这确实够难为他的。

3. 花费200万美元的调查

出现营业亏损对福特来说已经很不幸了，但亨利却让事情变得更糟糕。

1975年秋天，亨利将艾柯卡叫到办公室，通知他："我正在全面调查富盖齐，我知道他是你的好友。"

"他有什么问题？"艾柯卡问。

"我怀疑他与黑手党有关。"说完这句话，亨利偷瞄了一眼艾柯卡。

"开什么玩笑，不可能的事。他们家从1870年就开始从事旅游行业，而且我们还曾与斯佩尔曼红衣主教一起吃过饭，与他来往的人都没问题。"艾柯卡替他朋友辩解说。

"这不是我所关心的，我只知道他有一家出租车公司，而出租车公司和运输公司一直是黑手党的聚集地。"

艾柯卡觉得亨利又有点不可理喻了："不要开玩笑了，假如他真与黑手党有关系，那他的出租车公司为什么会赔了很多钱呢？"显然亨利已经听不进去他的任何解释，他一意孤行的老毛病又犯了。

艾柯卡刚从亨利的办公室出来，富盖齐去他的办公室找他。富盖齐告诉艾柯卡，他办公室的档案被取走了，而且事先并未告知他。他还怀疑自己的电话也被窃听了，但很显然他们并没听到想听的内容，否则不会让他还站在玻璃大楼里。

这样的秘密调查闹剧很快就收场了，因为亨利要调查的对象并不是富盖齐，而是他李·艾柯卡，调查富盖齐不过是在投石问路，借机查看他的反应罢了。

亨利对艾柯卡的调查始于1975年8月。水门事件给亨利提供了很好的范例，他请前密歇根高等法院的法官出山来负责这件事。他觉得只要严密调查，总能抓住他艾柯卡的一点把柄，抓住把柄后再小题大做，到时候就不怕他不离开了。秘密调查并不是什么光明正大的事，所以调查费用也相对较高，亨利对艾柯卡的调查，前前后后花了将近200万美元。当然，这200万美元最后会被算到公司的账目上，亨利才不会为这笔账负责呢。

亨利的这场秘密调查是从调查福特公司在拉斯维加斯举行的几次经销商晚宴开始的。调查人员详细地盘问了这几次晚宴的筹办人，他们问他在上等餐厅举行的高级经理晚宴上有没有女人参加，艾柯卡有没有叫女人陪同。在得到了否定的答案后，他们又斥责那个筹办人给宾馆服务生的小费太多了，问他是不是要帮那群高级经理掩盖赌博的罪行？高级经理们的赌资是不是富盖齐提供的？诸如此类的带有明显诬陷性质的问题被一连串地提出。

不过，令他们失望的是，他们的这一系列问题没有一个得到肯定的答案。

那个晚宴筹办人给艾柯卡打电话说："这简直是在明目张胆地迫害人，他们拼命地找把柄，赌博、玩女人、受贿等等，一切都是在栽赃。当我否定他们时，他们就威胁我，说有人告发我拿钱给你赌博。"

秘密调查没调查出结果让亨利很失望，但他并不善罢甘休，而是将他的魔爪伸进了艾柯卡的私生活。他假借核查高级经理差旅费用的名义，对艾柯卡的公私生活展开了全面的调查，而且要求事无巨细，都得调查清楚。

尽管费了九牛二虎之力，亨利还是没有找到任何对艾柯卡不利的证据。

亨利的调查被整理成调查报告，呈送给了各位董事。墨菲作为资深董事当然也收到了，看过报告后他对艾柯卡说："放心吧，亨利没得闹了，事情都过去了。"

尽管墨菲这么说是为了安慰艾柯卡，但整件事还是让艾柯卡很生气。他问墨菲："这件事是过去了，但事情发生的时候你们董事为什么不站出来说句公道话？"

墨菲也感到很无奈，拍拍艾柯卡的肩膀说："不要再提这件事了，你不是不知道亨利的小孩子脾气，耍起脾气来任谁也管不了。不过不管怎么说，他一无所获，这就足以让他消停一段时间了。"

此次调查风波虽然结束了，但它的余震还在，接连几个月办公室的气氛都很紧张，大家甚至都不敢在办公室内打电话。调查风波之后亨利曾去过日本，有人就猜测他是去买窃听器材的。公司的副总裁比尔·伯克还说他看到亨利买了一台价值一万美元的设备，那设备足以让人听到对面大楼里的谈话。了解亨利为人的人都不会怀疑比尔所说的话。

对于让公司花费200万美元的调查，亨利自始至终都没有发表任何言论，仿佛那件事不是他指使的，花费的钱也不是福特公司的一样。对于一个心理正常的人来说，花了那么多的钱却一无所获，肯定会很沮丧，或者很愧疚，他总会向关注这件事的人说些什么，譬如说些"我很欣慰我们的高级经理都非常廉洁无私，我为福特能有他们而感到荣幸"之类的话。但亨利没有，他事后连一句言论都没发表过。

4．任人宰割的日子

亨利的调查一无所获，很多人都以为这件事就会这么过去的，大家还会相安无事地共事下去。但艾柯卡却隐隐觉得那只是灾难的开始，亨利还有更多的狠招还没使出来呢。

1975年，艾柯卡想过离开福特。他的太太玛丽也很支持他离开。她还对艾柯卡说："如果你不反对，我会给亨利点颜色瞧瞧的，我知道那样你就非离开福特不可了，虽然代价惨重了些，但至少能让我们心里舒服些。"

艾柯卡最终还是没有自行离开，他太留恋福特了。他的青春都奉献给了福特，野马、美洲豹、马克Ⅲ等等车型，都是他的心血。

他也不愿放弃一年97万美元的年薪和总裁的宝座，这些都是他成功的表现。

调查的失败让亨利消停了一段时间，但他始终没放下过除掉艾柯卡的决心。通过他后面采取的行动，艾柯卡猜想他当时一定是这么想的："秘密调查都没能把艾柯卡那家伙逼走，看来我必须重新想办法了。他在公司的威信太高了，我不能直接开除他，但我可以慢慢削弱他的实力，一次断他一根筋骨，让他在不知不觉中瘫痪掉，变成光杆司令。"

亨利口中的筋骨当然不是指艾柯卡身体上的血脉，而是指艾柯卡的亲信和得力助手。艾柯卡听说亨利整理了一份黑名单，上面列的都是他的亲信。起初艾柯卡怀疑消息的真实性，但不久后发生的事情让他证实了黑名单的存在。

艾柯卡记得，亨利曾打电话给负责福特林肯—水星车系广告业务的艾克哈德公司的总裁阿瑟·凯尔门森，要他开除比尔·维恩，口气非常强硬，近乎是歇斯底里的狂叫。

维恩是艾柯卡最亲密的朋友之一，他们还曾合租过一套房子。在亨利打电话要凯尔门森解雇维恩的前两天，维恩刚好加入艾克哈德公司，负责一个特别促销的计划工作。维恩非常优秀，时常为福特设计一年一度的盛大经销商展示会，而且每次都非常成功。

刚得知维恩被解雇的消息时，艾柯卡百思不得其解，他不明白像维恩这样既友善又很能干的人怎么会引起亨利的不满，甚至对他大开杀戒，将他开除掉。联想起富盖齐的事，艾柯卡才明白，维恩只不过是个替死鬼，亨利的目标还是自己。朋友因他而被开除，艾柯卡心里非常难过。他甚至骂亨利是个胆小鬼，是个懦夫，不敢动自己，只知道害那些无辜的人。

与艾柯卡预料的一样，开除维恩只是亨利为孤立自己所采取的第一步。他接下来所采取的行动验证了艾柯卡的猜测。

斯帕利希是汽车界富有传奇性的人物之一，人们都说他血管里流的不是血，而是汽油，他完全是为汽车而生的。他是工程师，也是产品设计专家，在福特开发新车型的工作中发挥了关键性的作用，他更是设计野马和嘉年华的功臣。

身为福特总裁艾柯卡的责任之一就是主持产品设计会。在开会的时候，斯帕利希坐在他的左边，而亨利坐在他的右边。斯帕利希对汽车了解，也对汽车的发展趋势有着敏锐的捕捉力，他一直希望福特多开发小型车。而亨利在前不久才叫停了小型车的开发计划，这让他觉得斯帕利希是故意针对他的，是对他的权威的挑衅。

有一次产品设计会结束后，亨利把艾柯卡叫进了他的办公室说："那个该死的斯帕利希简直让人无法忍受，我不允许他坐在你的左边，他一直在向你灌输毒液，我可不想让你们联起手来整我。"

艾柯卡早已不止一次地领教过亨利的任性妄为，劝服根本无效。为了保护斯帕利希，艾柯卡只好把事情都向他说明了，并将他委派到欧洲工作，让他远离亨利的视线。艾柯卡对他说："我知道这样做对你很不公平，但我想这是最佳解决方案。"斯帕利希明白艾柯卡的心意，他并不怪艾柯卡，每当艾柯卡遇到问题时，他总会适时地赶到把问题解决掉，他对艾柯卡的支持一如既往。

尽管斯帕利希已经远离了亨利的视线，但亨利还是不放过他。他打电话给艾柯卡，要他马上开除斯帕利希。

这让艾柯卡很气愤，他说："亨利，理智点，他是我们公司最棒的人，开除他就等于在残害我们公司。"

亨利才听不进去这些呢，他仍坚持说："你现在就得开除他，否则你就和他一起滚蛋。"一副泼皮相显露无遗。

艾柯卡想即使他与自己、与斯帕利希有仇，总不会与钱有仇吧，于是对他说："斯帕利希开发了野马，他为福特赚了不少钱，而且他还可以为福特赚取更多的钱。"

没想到这招对亨利也不起作用，他是铁了心地要赶走斯帕利希。他冲着艾柯卡吼道："你闭嘴，我非开除他不可，他实在不讨我喜欢。我没有义务向你解释其中的原因，我的直觉告诉我必须开除掉他。"

艾柯卡对此很无奈，也很窝火，他只好安慰斯帕利希说："亨利的做法实在是下流至极，我真想跟你一起离开。虽然我的职位比你的高，但我也时刻在受他的窝囊气。我有种预感，亨利开除你是在帮你作个明智的选择，离开这个专制的福特王国，你的才华能够为你赢来更多的荣誉与财富。你现在很难面对被开除的遭遇，但我相信事后你一定会责怪亨利为什么不早点开除你，让你可以如此自由地发挥自己的才能。"

事实证明艾柯卡的预言一点也没有错，斯帕利希离开福特不久，克莱斯勒汽车公司的总裁就约他吃饭，并邀请他加入了克莱斯勒汽车公司。斯帕利希在克莱斯勒主要负责小型车的规划，他终于可以做他在福特想做却不能做的事情了。

不久，亨利发现开除艾柯卡亲信的方法行不通，那样只会将他们赶到福特的对手那里去。于是，他放弃了迂回战术，直接向艾柯卡宣战了。

1977年初，亨利请麦肯锡管理顾问公司来改组福特公司的最高管理层。当改组计划完成以后，麦肯锡的一位高级经理在艾柯卡的桌子上留了一张小纸条："一定要撑下去，艾柯卡，但我知道这可不是件容易的事，你的老板是个彻头彻尾的独裁者，我简直不敢相信你们能够忍受他那么久。"

麦肯锡公司为福特公司提出的改组方案是将最高管理层增设为3人，取代一直以来董事长和总裁两人的结构。

　　从4月开始福特正式实施这个新的安排。亨利当然继续担任董事长兼首席执行官，考德威尔则被任命为副董事长，而艾柯卡仍继续任总裁。这种变更表面看来没有什么不同，艾柯卡还是总裁，但亨利向公司发出的备忘录却道出了其中的玄机："董事长不在时，一切事务由副董事长裁决。"也就是说，艾柯卡的职务看似没变，但实际上被降职了，从公司的第二号人物降到了第三号。

　　亨利的这种做法让艾柯卡很气愤，却无法发泄。他甚至还公开羞辱艾柯卡，每次宴会的时候，亨利会坐第一桌，让考德威尔坐第二桌，而把艾柯卡排挤到第三桌。艾柯卡觉得亨利的这种做法简直是在将自己游街示众，让自己尊严尽失。

　　亨利这样折磨艾柯卡，也使艾柯卡的妻子和孩子受到了牵连，让他们深受煎熬。尽管艾柯卡想结束这种屈辱的生活，但他极不甘心，不想像亨利期望的那样夹着尾巴逃出福特。

　　三头怪兽的决策方式并没维持多久，也就是在1978年6月，亨利又宣布了新的高层改组方案，将决策层由3人增加为4人，新加入的决策者是他的弟弟比尔。亨利让比尔参与进来的目的是万一他病倒或死了时，比尔可以代表他们福特家族继续掌控福特公司。

　　艾柯卡觉得亨利是在对自己施行凌迟之刑，一片一片地蚕食着他的权力和地位，这让他实在无法忍受了，他放出话去，说自己拒绝接受亨利的新安排。他觉得自己忍气吞声的日子该结束了，是时候进行反击了。

5. 彻底摊牌

艾柯卡公开表示自己不服从亨利的安排，这让亨利差点气疯了，他简直不敢相信在福特有人敢对他说"不"。

改组结果公布后的第四天，也就是6月12日，亨利召开了外部董事会议，告诉董事们他将解雇艾柯卡。董事们见亨利的这个决定太过分，都纷纷出来干预。他们说："不行，亨利，你的这个决定很不明智。快清醒清醒吧，让我们去与艾柯卡谈谈。我们会安抚他的抵抗情绪的，但你必须向他道个歉。"

董事们的反应让亨利很失望，他向墨菲抱怨说："今天，我的董事会不支持我。"

亨利才不想向艾柯卡道歉呢，但那是董事会的决定，他作为他们的代表有义务执行。第二天，亨利就来到艾柯卡的办公室，这是八年来他第三次踏进艾柯卡的办公室，他面对艾柯卡站着，耸了耸双肩说："我们还是讲和吧。"

艾柯卡觉得亨利的行为实在不像一个大公司的董事长，完全是一个六七岁的孩童，在与伙伴大打出手后不久又跑去与人家讲和，仿佛只要他忘却了以前不愉快的事，别人也应忘记所受的伤害一样。

亨利与艾柯卡和平相处的假象仅仅维持了一个月，一个月后就再也伪装不下去了。1978年7月12日的傍晚，亨利与公司董事们共进完晚餐后再度宣布要解雇艾柯卡。他的理由是艾柯卡无法与他真正融洽地相处。

亨利的决定再次遭到了几位董事的反对，他们举了几个例子来说明艾柯卡的忠心和对公司的贡献，并要求他重新将艾柯卡扶上二号领导人的位子。

　　亨利勃然大怒，他可忍受不了被人顶撞的感觉，拍着桌子冲一群董事大吼："你们不让他走，我就离开，我给你们二十分钟的考虑时间。"说完就甩手离开了餐厅。

　　在这之前，亨利虽然也一直很想除掉艾柯卡，但他并不敢如此的肆无忌惮，毕竟艾柯卡为福特以及董事们赚了那么多的钱，是个深孚众望的总裁。这次他会如此坚决地与董事会闹翻，肯定是他那颗脆弱的心脏实在承受不了了。

　　就在当天晚上，艾柯卡接到了《汽车新闻周刊》的发行人凯恩·克莱恩的电话，他震惊地问艾柯卡："天哪，您告诉我这是个谣言，好吗？"

　　艾柯卡当然无法告诉他，因为他也不确定这是不是真的。但随后他明白了，这不过是亨利耍的一个诡计。克莱恩是亨利的儿子艾德索的死党，艾柯卡猜肯定是亨利指使自己的儿子将这个消息透露给克莱恩的，不知情的克莱恩作为《汽车新闻周刊》的发行人，当然不会放过这个热门消息，肯定会第一时间打电话向他确认的。这样一来，亨利不必当面做恶人，将辞退他的消息告诉他，也能让他知道自己被开除了。亨利一向这么"仁慈"。

　　艾柯卡得知了消息后，并没有惊慌，仿佛他早料到了这一天。第二天他仍照常去上班，但直到下午3点前他都没发现公司有什么异常，他甚至都有点怀疑克莱恩听到的只是谣言而已。但在快到下午3点的时候，亨利让他的秘书叫艾柯卡去他的办公室，艾柯卡的侥幸心理才彻底消失，他马上反应过来，知道一切都是真的，亨利向他摊牌的时刻来了。

　　艾柯卡走进亨利的办公室时，发现亨利的弟弟比尔也在，他们的脸色都非常难看，样子也很拘束很紧张。看到他们那紧张的样子，艾柯卡反而觉得很放松了，他已经收到亨利的革职令了，现在只不过是来听他正式宣布而已。比尔是艾柯卡的朋友，他一直很支持艾柯卡的决定。他的在场让艾柯卡明白辞退自己是福特家族的决定，而不仅仅是亨利一个人在发飙。

　　等艾柯卡坐在他们对面的沙发上后，亨利清了清自己的嗓子，接连张了几次嘴都没能说出一个字。亨利这个伪善的人从未亲自开除过一个人，他总是躲在背后指使人干这种事，所以这次亲自上阵让他很不适应，不知道应如何开口。

　　尽管如此，但他知道自己总得开口说点什么，而且他觉得艾柯卡已经知道事情的结果了，他叫艾柯卡来只不过是个形式而已。"我喜欢以自己的方式做事，我决定重新改组公司，虽然我也不愿意看到今天的局面，但总有些人要作出牺牲。你应该离开，我想这对公司很有好处。你知道我们曾经相处得非常愉快……"在遇到艾柯卡质疑的目光时，他心虚地把到嘴边的话又咽了下去。

　　在亨利的办公室艾柯卡待了45分钟，在这45分钟中，亨利说了一堆不着边际的废话，但一次也没说出"解雇"这两个字。

　　艾柯卡质问亨利："这到底是怎么回事？给我个合理的解释。"

　　亨利当然不敢告诉艾柯卡解雇他的真实理由，只是耍赖地说："这是我的决定，我没有义务向你解释，反正我早已决定了。"

　　艾柯卡一再逼着亨利讲出解雇他的理由，但他知道亨利根本不会告诉他的，他之所以还一再相逼，是为了打出自己的最后一张牌："我想知道比尔你的想法，你也觉得我应该被开除吗？"

　　没等比尔回答，亨利就抢着说："这是我的决定，谁都甭想改变。"

显然比尔的表情很痛苦，他想向他的哥哥求情的，但他最终还是没敢顶撞自己的哥哥。

艾柯卡知道自己被解雇的事情已成定局，所以他也不愿再纠缠下去。他向亨利提出了自己的退休金和退休后的其他报酬问题。

亨利这次倒很爽快，一口答应说这些事情他们会解决的。于是他们达成协议，确定将艾柯卡的离职时间写为1978年10月15日，因为那天是他54岁生日，如果早一天，艾柯卡的利益就会受到很多损失。当然不会出现晚几天的事情，因为亨利巴不得艾柯卡马上就从自己的世界中消失，怎么会让他多待一天呢。

退休金的问题达成协议后，艾柯卡觉得自己该扬眉吐气，好好质问一下眼前的这个傻瓜了。艾柯卡列举了自己在福特汽车公司所取得的一系列成就，要亨利好好看看自己为福特打下的江山，要他知道他的决定是多么愚蠢。

在列举完自己的成就后，艾柯卡以强硬的口吻对一直不敢正视他的亨利说："看着我，你这个懦夫。你会为你的这个决定后悔的！我们今年的纯利润是10.8亿美元，过去两年我们的纯利润甚至达到了35亿美元。但我告诉你亨利，不会有人能再在你的面前摆出10.8亿美元的支票了。你想知道原因吗？那么我告诉你，你就是个花花公子，只知道花钱，根本不知道如何赚钱！"

在艾柯卡与亨利的会谈结束时，比尔实在忍无可忍，鼓足勇气劝亨利收回开除艾柯卡的成命，但已经太迟了。在艾柯卡离开亨利的办公室时，他也跟了出来，他一直在对艾柯卡说："他怎么可以做出这种事，太残忍了。"

在艾柯卡准备回办公室收拾东西走人时，比尔又对他说："你为公司效力了32年，他竟然残忍地毫无理由地开除了你，太绝情了。但你真的很了不起，你知道吗？你也许是亨利在这个世界上唯一忌惮的人，你刚才那么对他他都没有发作，实在让我震惊得很，他这辈子都没有像今天这样被人指着鼻子教训过。"

艾柯卡并不恨比尔，相反，他觉得比尔是个好人，只不过太懦弱了而已："谢谢你，比尔，但事情已经如此，我不得不离开了，而你和亨利还可以好好待着！

第九章　人生的低谷

"武力报复不是我想采用的复仇方式，即使你们打断了那家伙的手脚，我失去的东西也不会回来的。如果我想用武力解决的话，我早就去打断那家伙的腿了。"

1. 落寞的日子

116

在与亨利彻底摊牌后，艾柯卡回办公室收拾了下东西就离开了。当他踏出玻璃大楼的那一刻，他做了个深呼吸，感觉整个人都轻松了。"谢天谢地，听他胡说八道的日子终于结束了。"艾柯卡觉得自己终于解脱了，而且他觉得自己离开的时机还不错，他刚带领福特打破了一项赢利纪录，这足以让福特公司记住他了。

艾柯卡刚回到家就接到了小女儿莉娅哭着打来的电话，她是从收音机里得知父亲被解雇的消息的，她责怪艾柯卡为什么不提前告诉她这件事。艾柯卡无法告诉她自己所受的屈辱，他只能说之前他也不知道。但莉娅并不相信，她认为他在撒谎。

每当回想起刚被解雇时的情形，艾柯卡的耳边都会响起莉娅的哭泣声。艾柯卡说他恨亨利这样对他，但他更恨亨利的卑鄙做法，竟然连自己亲口向亲人传达被解雇的消息的机会都不给他。全世界都知道他被解雇了，而他的亲人却还被蒙在鼓里，这让艾柯卡永远都难以释怀，他说他这辈子都不会原谅亨利的。

人们都说站得越高摔得就会越惨，那个星期艾柯卡摔得真不轻。被解雇后艾柯卡觉得迷失了自我，机敏、充满斗志的自己不见了，耳边再也听不到"野马之父"之类的话了。昨天还是汽车界英雄的他，今天就仿佛变成了大家不敢靠近的麻风病人，那些曾经围在他身边的下属、同事和朋友都对他避而远之。世界就是如此瞬息万变，一夜之间艾柯卡的境遇就发生了翻天覆地的变化。

了解亨利的人都知道他不可能就此罢休的，他肯定会肃清艾柯卡的所有亲信。为了自保，艾柯卡的那些朋友都不约而同地自动中断了与艾柯卡的联系。

在艾柯卡被解雇的那一周，墨菲收到了亨利半夜打给他的电话。墨菲是福特的资深董事，主要负责福特公司全球公共关系业务，他与艾柯卡共事了很多年，相互都很欣赏，除了工作关系外，他们还是很密切的朋友。同时，墨菲也是亨利最信任的人之一，但被猜忌心搞昏了头的亨利连他也没放过。

墨菲接通电话后，亨利就直接问他："你喜欢艾柯卡吗？"

墨菲毫不犹豫地说："当然。"

"那你被开除了！"说完这句话亨利就挂了电话。

第二天一大早亨利就打电话给墨菲，告诉他取消了对他的解雇。这富于传奇色彩的小事件足以向世界证明亨利是个多么疯狂的人，他连自己最信任的人都会如此地玩弄。

被解雇几个月之后，艾柯卡的两个老朋友为他筹办了一场生日宴会，福特汽车公司的人中只有几个敢来参加，而与他共事多年的公司的高级经理中只来了比德威尔。艾柯卡知道来的人都很有勇气，因为他们可都是冒着很大的风险来的。宴会结束后的第二天一大早，比德威尔就被人质问参加宴会的都是哪些人。

解雇事件虽然已经结束了，但它对艾柯卡的伤害却没有那么轻易就结束。在福特公司，有一个与艾柯卡私交甚笃的人，25年来，他都是艾柯卡家的常客。他们周五晚上经常聚在一起打牌，他们的家庭也经常一起去度假。但在艾柯卡被亨利解雇之后，他绝情地连一个慰问电话都没打过，不仅如此，就连多年以后的玛丽的葬礼他都没去参加。这对艾柯卡的伤害远比亨利开除他的大。

艾柯卡以前常听父亲说，人死的时候能有五个真正的朋友就可

李·艾柯卡传

以欣慰地闭目了。以前他不懂父亲为什么会那么悲观，只有五个就知足了，但现在他明白了，生死之交不是人人都有的。

艾柯卡在福特待了32年，提拔培养过的人连他自己都记不清了，他与他们同甘苦共患难，他以自己的力量保护他们，他为他们创造更好的升职空间。但当他遇到不幸时，他连他们的影子都没看见过，这如何让他不伤心难过呢？

面对被解雇的伤害和被病痛折磨的妻子，艾柯卡是多么希望能有个朋友打电话给他，邀请他一起散散步，安慰一下他那颗受伤的心啊！原本很常见的友谊，在这个时候却变得如此难得。

2. 出来主持正义的竟然是媒体

在亨利通知董事会他要开除艾柯卡时，董事会中起初有人反对，但后来，当亨利的无赖脾气爆发时，他们就屈服了。董事们是福特汽车公司的监护人，他们理应发挥他们制约和平衡的作用，以避免公司高层滥用权力，可他们却在亨利面前屈服了，任由他开除公司总裁而不加干预。

艾柯卡猜测董事们当时的心理应该是："只要我们的利益不受侵害，谁当总裁都无所谓。"所以，当亨利让他们在他与自己之间作选择时，他们选择了亨利这个刚为他们加过酬金的人，而对于自己这个为福特立下汗马功劳、赚了几十亿美元的功臣，他们却放弃了，任由亨利处置。艾柯卡觉得很伤心，他那么拼命地为他们卖力，他们却连一点保护他的举动都没有。他们也许阻止不了亨利，但他们至少应为他艾柯卡争取一下啊，但事实上，没一个人肯站出来替他说句公道话。

福特公司的董事会有一群董事，他们都不愿意为了艾柯卡而得罪亨利，他们知道一个疯狂的人远比一个有能力的人对他们的威胁大。让艾柯卡更难过的是，在他离开福特公司后，那群董事中绝大部分都与他断绝了联系，仿佛要将他从他们的世界中彻底抹杀掉。而只有玛丽安·海斯克尔、乔治·巴纳特和乔·卡尔曼这三位董事还与他有些联系，艾柯卡知道他们都是善良的人，心中还有正义的种子。在艾柯卡去克莱斯勒签约那天，玛丽安女士还打电话给他向他表示祝贺，这让他的内心感到很温暖，让他觉得至少福特公司中还有人记得他。

艾柯卡的太太玛丽去世的时候，他除了收到比尔·福特的一封信和墨菲的一张便笺，就再也没收到来自福特的任何信息。与那群董事们共事了那么多年，艾柯卡自认为已对他们鞠躬尽瘁了，但他们在他最悲伤的时刻连句安慰的话都不愿意说。

在艾柯卡被开除后的第一次股东大会上，科恩律师很气愤，他站起来质问亨利："艾柯卡为我们赚了那么多钱，你却开除了他，我想知道对于股东们的损失你打算如何弥补？"

亨利歪着脑袋冲科恩耸了下肩，微笑着说："我的董事会支持我，我没有必要在这儿公开说明什么。"

董事们为了保住自身的利益遗弃了他，朋友们、同事们惧于亨利的淫威而远离他，就在艾柯卡觉得自己被全世界都出卖了的时候，他从媒体那里找到了安慰。艾柯卡被福特解雇的消息不仅在汽车界引起了巨大的轰动，还让媒体震惊不已，他们纷纷站了出来，为艾柯卡打抱不平，主持公道。

沃尔特·克朗凯在CBS电视晚间新闻中说："难以想象这是真的，亨利真的将他的摇钱树开除了！无论如何我都觉得这只会发生在讲汽车业的小说里。"

另一位特约专栏作家在他的文章中说得更直白："亨利就是个

六十岁的老小孩，总是任由自己胡作非为。""如果像艾柯卡这样出色、卖力工作的人都会被解雇，谁还有资格待在自己的工作岗位上？"

许多社论主笔和专栏作家都表示难以置信艾柯卡会被福特公司解雇，毕竟他的业绩大家有目共睹。《华盛顿邮报》财经版批判亨利说："一个反复无常的人居然把福特汽车公司这么大的企业当成自己发泄私怨的工具，任意处置它的功臣。"

罗得岛的地方报纸也发表了类似的评论，他们说艾柯卡被解雇很可能是因为飞得太靠近空军一号专机了。空军一号专机是美国总统的专用飞机，该报主编用它来比喻亨利的董事长宝座。

还有一家报纸的专栏作家评论整个解雇事件说："福特公司生产的汽车遍及全美国，它的一举一动都影响着所有人。福特的精神领袖艾柯卡被解雇了，整个公司现在正处在一个偏执傲慢又独裁的老头的统治之下，他总是任由自己胡乱行事，根本不会对任何人负责。"

媒体的这些评论给了艾柯卡很大的安慰，艾柯卡不想谴责亨利什么，对于一个疯狂的人来说，无论他做出什么事情都是能够被理解的，即使他现在不解雇自己，总有一天还是会解雇的。

在媒体的所有评论中，他最喜欢《汽车新闻周刊》上发表的那一篇，他们提到了他在福特做总裁时的百万年薪，认为"无论从什么角度看，那都是他应该得到的"。对于亨利他们也没有谴责，只是说"汽车业最优秀的管理人才自由了"，一方面对他的重获自由表示祝贺，另一方面替亨利放走如此优秀的人才感到惋惜。

3. 一个神秘的电话

　　被解雇后的艾柯卡确实享受到了很大的自由，最起码他可以邀请自己喜欢的朋友到他家里共进晚餐了。艾斯特先生是通用汽车公司的总裁，他们早就认识了，而且两家离得很近，但他们从未正式聚在一起过。

　　福特公司有项不成文的规定，那就是绝不允许福特员工与通用汽车公司的人私下交往。如果谁敢违反规定，就会被冠以联手操纵价格或垄断自由交易制度的罪名。艾柯卡只要身在福特公司一天就得严格遵守这个制度一天。

　　艾柯卡的太太玛丽很喜欢艾斯特太太，在艾柯卡被解雇不久，她就邀请他们一家来家做客，并公然与艾斯特太太到商场购物。很显然，她们相处得非常愉快。但遗憾的是，她们愉快的相处时间很快就结束了，当艾柯卡入主克莱斯勒公司的时候，一切又必须回到他在福特公司时的样子，断绝与通用公司人的来往，将对方看作是陌生人。

　　在艾柯卡签约克莱斯勒公司后没几天，他在底特律的一家报纸上看到了自称是福特公司"发言人"的一篇文章，文章向大众公开说明福特公司辞退他的原因，"鲁莽无礼"、"急功近利"等等污辱性的词被扣在了他的头上，而且还说："他是个生在艾伦多镇的意大利移民之子，根本不属于底特律。"

　　对于这些诽谤之词艾柯卡一笑置之，他知道他入主克莱斯勒的事肯定会引起老东家的不满，可是他实在没工夫在乎他们的感受。而且他知道，就算他在福特公司待一辈子，福特家的人也不可能将他视为自己人的，就连亨利的太太克莉丝汀在他们看来也不过是个外人，"比萨饼皇后"，他们总是给她冠以这么个称呼。

艾柯卡猜测报纸上诽谤他的那篇文章很有可能是亨利·福特指使人写的，了解他的人都知道他对意大利人的偏见。《教父》这部电影让他偏执地认为所有的意大利人都与犯罪组织有关联，在过去的那几年，他就一直怀疑艾柯卡与黑手党有牵连，并作了大量的调查，结果是一无所获。不过艾柯卡很想知道，如果有人将他接到过一个意外电话的事告诉亨利，亨利是否每天还敢出门？

在底特律的那家报纸上刊登出污蔑艾柯卡的文章后没几天，艾柯卡接到了一个意外电话，电话里一个操着意大利口音的人对艾柯卡说："我们在报纸上看到了那篇污蔑你的文章，差点被气疯了。他竟敢破坏你家庭的名誉，我们必须让那个浑蛋为此付出代价。我给你留下一个电话号码，无论什么时候你想教训那个浑蛋，就打那个电话，我们会替你打断那家伙的手脚。必须好好教训他一顿，这样我们心里才会舒服些。当然，那也会让你心里舒服些的。"

"谢谢你！但真的不需要。"艾柯卡告诉那个打电话的人说，"武力报复不是我想采用的复仇方式，即使你们打断了那家伙的手脚，我失去的东西也不会回来的。如果我想用武力解决的话，我早就去打断那家伙的腿了。"

武力报复只能带来一时的痛快，艾柯卡才不会这么轻易地放过亨利呢。他害得自己一无所有，权力、地位、财富，一夜之间都失去了，他还害得自己的亲人受尽折磨，这笔账怎么可能一笔就勾销了呢。他要重新站立起来，用自己的成功来向亨利讨债。何况，亨利每个月还得面对一件让他痛苦不堪的事，那就是明知道艾柯卡在对付他，却还得付大量的退休金给他。

第十章 人生的一个转折点

　　"克莱斯勒公司像一条即将沉没的大船，我最终还是冒险地爬上了这条船的桅杆。在这条船上，我经历过惊涛骇浪，我遭受过烈焰煎熬，但最后，我迎来了黎明的曙光，迎来了人生的新辉煌。"

1. 慎重的决定——入主克莱斯勒

　　尽管被公司解雇不是件光彩的事，但以艾柯卡三十多年来在汽车界树立的威望，他被解雇的消息一经公布，就招引了许多家公司和学院慕名而来，重金聘请他去他们那里工作。

　　在艾柯卡看来，他们所提供的工作机会都很诱人，国际造纸公司、洛克希德飞机公司、无线电收发装置公司等国际大公司聘请他去做主管，纽约大学邀请他去担任某学院院长。对于艾柯卡这样一个喜欢冒险的人来说，它们都是全新的领域，都能吸引他去尝试一把。但他最终还是一一谢绝了，因为他明白自己一生中唯一感兴趣的就是汽车业，唯一擅长的也是汽车业，他的血液早就与汽车连在了一起。

　　艾柯卡正式离开福特时，刚好54岁。54岁对一个男人来说是个尴尬的年纪，退休颐养天年太早了，重新开辟事业又有点晚。艾柯卡的太太玛丽鼓励丈夫重新走入社会，她觉得凭自己丈夫的能力，他绝对可以重新干出一番事业。但她不建议他改行，她知道汽车早已住进了他的生命，改行对他来说无疑是一种折磨。

　　自从艾柯卡被福特解雇，社会上就传言说他将加入克莱斯勒公司，但事实上那时候还没这回事。当时克莱斯勒公司正深陷窘境，人们就想当然地以为克莱斯勒会抓住艾柯卡被辞退的大好机会，邀请他去救他们于危难之中。

虽然社会上很早就有说艾柯卡加入克莱斯勒公司的谣言，但他在刚被解雇的那一个月并没有收到克莱斯勒的任何邀请。差不多一个多月以后，艾柯卡接到了克莱斯勒的董事长约翰·李嘉图的电话，他约他到庞嘉川饭店见面，想让他考虑一下加入克莱斯勒。他们双方都不愿意在达成一致意见之前被外界干扰，所以会见时都采取了保密行动。

在会面中，李嘉图告诉艾柯卡："我们想改变公司的现状，但一直没什么成效。"但对于公司当时的状况，他并没有作介绍，仿佛觉得告诉他这些就足以让他有兴趣加入他们了。

"你约我来这里的目的是什么？"向来直来直去的艾柯卡见李嘉图一直没提到他们见面的目的，就毫不讳言地问他。

"想邀请你加入克莱斯勒，你对重新进入汽车业有兴趣吗？"经艾柯卡一问，李嘉图也直言不讳了。

艾柯卡回答他说："我当然希望重回汽车业，但我不会盲目地走进去。我希望你能如实地告诉我公司的境况到底坏到了什么程度？公司的活动资金还有多少？公司下年度的运营计划是什么？你们对公司的发展趋势是如何界定的？尤其是公司成员是否对扭转公司命运有信心？"

他们第一次会面的时间很有限，并没有作太深入的探讨。在那之后，他们又秘密会面了几次。尽管李嘉图给公司勾画的是一个凄惨的前景，而且艾柯卡相信他说的都是真的，但他仍认为克莱斯勒的现状可以在一年内扭转过来。可艾柯卡后来才发现克莱斯勒不仅仅是李嘉图描述的那样浑身在流血，而且是在大出血。但李嘉图并没有对艾柯卡撒谎，因为他所知道的就只有那些，他对公司的实际状况真的不是很了解。

与李嘉图会面后，艾柯卡回家征询妻子和女儿的意见。玛丽很支持他加入克莱斯勒，她说："除了与汽车打交道，做其他任何事情都不会让你高兴起来的。你可没老到必须待在家里的程度，抓住机会赶快站起来，给那该死的亨利·福特一记重重的耳光，让他也品尝品尝痛苦的滋味。"艾柯卡的女儿们表示支持他的选择："只要你觉得快乐，你就去做。"

艾柯卡本身就很想回到汽车界，他的想法也得到了家人的支持，但他仍有一个疑虑：克莱斯勒公司能不能为他提供真正施展才能的空间。在福特，艾柯卡受尽了亨利的折磨，他的决定总会遭到种种干扰，这次他想当家做主，让自己的管理才能得到充分的施展。

艾柯卡给自己立下的目标是用一年左右的时间挽救克莱斯勒，否则他宁愿不接受邀请。但要想在那么短的时间内施展出回天之术，就必须有充分自由的决断权。他知道如果得不到充分的决断权，不久的将来他就会与克莱斯勒一起彻底失败。

从几次与李嘉图的会面中，艾柯卡认为他是想请他去担任公司的总裁兼总经理，而他本人仍任公司的董事长兼总执行官。但让艾柯卡意想不到的是李嘉图居然对他说："艾柯卡，我打算辞掉董事长职务，公司只能有一个决策者，如果你加入我就把这个决策权交给你。请相信我们的诚意，否则当初我不会费尽心机地安排那么多次秘密会面。"

李嘉图不仅给了艾柯卡他想要的决策权，还将整个公司托付于他，这让艾柯卡感动不已。他觉得约翰·李嘉图和他的妻子莎尔玛是他所见过的人中最高尚的，为了拯救克莱斯勒，他们心甘情愿地牺牲自己，尽管他们知道这意味着他们事业的结束，却仍然义无反顾地退了出去。

艾柯卡加入克莱斯勒公司的消息在11月才被公布于众，这个消息对亨利·福特来说简直是个晴天霹雳。据知情人士说，艾柯卡加入克莱斯勒的事情让亨利很长一段时间都彻夜难眠，原本就是个大酒鬼的他那段时间喝得更凶了，2000美元一瓶的拉夫特罗他每天要喝两瓶。

在福特公司开除艾柯卡时，同意付给他150万美元的遣散费，但要求他不得再为任何一家汽车公司工作，否则必须归还这笔钱。在李嘉图邀请艾柯卡去克莱斯勒的时候，艾柯卡向他说明了这一点。李嘉图让艾柯卡不要担心那笔费用，公司会全额补给他的。当艾柯卡入主克莱斯勒的消息一公布，许多媒体就传言说他已经拿了克莱斯勒的150万美元的补偿金，但实际上在与克莱斯勒签约的时候，他还没收到一分钱的补偿金。

福特公司给艾柯卡的年薪是36万美元，加上年终发的红利，总数在100万美元左右。艾柯卡知道困境中的克莱斯勒公司肯定没有能力支付他更多的薪金，就对董事会说给他的年薪与福特给他的差不多就可以了。然而，当时李嘉图作为董事长的年薪才只有34万美元，艾柯卡刚进来就拿36万，比董事长的还高，从情理上说不过去。为了满足艾柯卡的要求，董事会决定为李嘉图加薪两万美元，让他俩的年薪一样。

艾柯卡从来都不会因为拿了高薪而感到不安，在他看来高回报等于高付出，他付出了超乎常人的努力，理应比平常人赚得多。高薪象征着高成就，艾柯卡并不是贪财之辈，但他却很珍视高薪带给他的成就感。

2. 不得不做恶人

在汽车业初创时期只有一个重要人物，那就是老亨利·福特，虽然他的为人不怎么样，但他绝对是汽车界的天才。他从焊补汽车起家，后来创造了装配线工厂，大大增加了汽车的产量。后来，汽车业出现了第二个重要人物瓦特·克莱斯勒。他是引擎、传动装置、机械组件的革新者。在事业初期，他为通用公司工作，但一直得不到施展自己才华的机会，后来就离开了通用，并在1925年成立了自己的公司——克莱斯勒汽车公司。

公司成立后，瓦特又兼并了几家汽车公司，扩大了克莱斯勒汽车公司的规模。他还很擅长销售汽车，他为克莱斯勒汽车做了一系列的促销广告，甚至还亲自出马，为他们的汽车作宣传。1940年，也就是瓦特·克莱斯勒去世的那年，克莱斯勒汽车的市场占有率超过了福特公司，占据了国内市场25%的份额。

每次想到克莱斯勒公司的光辉历史，艾柯卡都兴奋不已。他坚信：克莱斯勒既然拥有光荣的历史，也必能拥有美好的未来。虽然现在的克莱斯勒困顿不堪，但它却有着稳固的经销商组织和优秀的设计师，这是它重新崛起的资本。只需一两个好的车型，它就可以迅速地起死回生。而开发新车型恰恰是他艾柯卡的长项。艾柯卡坚信在两年之内，他一定可以使克莱斯勒公司重振雄风的。他要用克莱斯勒的成功来报复亨利·福特。

1978年11月2日，底特律《自由报》刊登了两个醒目的标题"克莱斯勒公司损失惨重"和"李·艾柯卡入主克莱斯勒公司"。

在外界看来，克莱斯勒公司已无药可救，它已到了破产的边缘。而就在此时，艾柯卡踏上了这艘即将沉没的破船。到公司后，艾柯卡听到的第一个消息就是公司第三季度的亏损额为1.6亿美元，是公司有史以来最严重的赤字。不过就在当天，克莱斯勒公司的股票成交了三成。艾柯卡知道自己的加入让股民们看到了希望。"这是一个好兆头，一切都会好转的！"他在心里暗暗地为自己打气。

除了向他汇报公司的可怜业绩外，公司还安排人带他到各处转转，熟悉公司的环境。虽然是简单地查看，但艾柯卡还是发现了克莱斯勒存在的大问题，那就是整个公司正处于一种无政府的状态：总裁的办公室被一些主管们当作办公间的通道，手持咖啡自由穿梭；主管的秘书们都在无所事事地靠打私人电话消磨时间。

克莱斯勒公司共有35个副总裁，每个副总裁都有自己的管辖范围，但他们都是各行其是，互不协调和商量，甚至完全是隔绝的。没有统一的协调组织，没有环环相扣的隶属关系，没有完备的制度，甚至没有定期的交流会议，克莱斯勒当时的情况就是这么混乱。看到眼前一团乱麻般的局面，艾柯卡差点就辞职不干了。

对克莱斯勒了解得越多，艾柯卡就越觉得难以置信，如此混乱的公司居然还能坚持下去，简直是奇迹。销售部和制造部是汽车公司中两个既庞大又独立的部门，分派给专人管理都是件复杂的事情，而令艾柯卡惊奇的是在克莱斯勒它们居然同属于一个副总裁的管辖范围。

更要命的是，这个副总裁并不知道如何去协调制造与销售，任由它们独立发展：制造部门闭门造车，从不征询销售部门的意见；销售部门只知道责怪制造部门生产不出迎合市场的车。结果就是仓库内的存货堆积如山，而流水线上的汽车还在源源不断地涌进去。

面对如此杂乱不堪的局面，艾柯卡只能尽力协调，筹建新的管

李·艾柯卡传

理体系，他每天都觉得时间不够用，恨不得一天24小时都不休息。

正当艾柯卡忙于整顿克莱斯勒管理上那堆千头万绪的乱麻时，另一项令他头疼的事又出现了。在他入主克莱斯勒两个月后，公司宣布资金告急。花了两个多月的时间，艾柯卡找出了公司存在的一些症结：内部管理系统混乱，新车型的研发严重滞后。而对公司的财务控制他并不是很担心，因为他知道克莱斯勒公司是由一群财务专家掌控的，他们应该不会让公司的财务出现问题。但后来他发现自己高估了他们，克莱斯勒公司连一个完整的财务控制制度都没有，怎么可能不出现资金告急的情况呢。

一想到公司的混乱状况，艾柯卡就想发飙。他已找到了公司的症结，但他却找不到合适的人来与他一起整顿公司。除了总裁，克莱斯勒还有35位副总裁，艾柯卡很想从这35个人中找出几个有能力帮自己的人，但令他失望的是他们都不是自己要找的人。艾柯卡很奇怪，一群连自己的职责都搞不清楚的人是如何当上公司的副总裁的。

艾柯卡尝过被开除的痛苦，所以他不愿意轻易地开除任何人，哪怕是再没有能力的人，只要他愿意改掉以往养成的懒散习惯，艾柯卡很愿意留下他。已养成的习惯要改掉本来就很困难，何况他们并不积极地改正。没办法，艾柯卡只好请他们走人。3年中，艾柯卡开除了35位副总裁中的33位，平均下来每月开除一个。

除了开除33位副总裁，3年内，他还关闭了克莱斯勒公司的20个严重亏损的工厂，裁掉了74000多名员工。

艾柯卡不愿意做恶人，不愿意打破那些副总裁们的饭碗，不想让他们那么多人陷入失业的窘境，但他知道，如果他一直留着他们，总有一天他们会让公司的几十万员工都丢了饭碗的。

3. 重组领导团队

克莱斯勒公司人员散乱、资金告急、管理人才奇缺等等一系列的问题让艾柯卡忧虑不堪。他渐渐感到体力不支，身心俱疲，他知道纵使自己有天大的本事，也无法单手敌四拳，同时处理那么多紧急迫切的事情。艾柯卡明确地知道当务之急他最应该做的事情是什么，那就是在最短的时间内建立起一支有经验、有能力、有魄力的领导队伍。

艾柯卡觉得自己要组建的领导队伍必须都是有专业经验的，克莱斯勒已经是艘快沉没的船了，他根本没有时间和精力去培养一支年轻的队伍。新的队伍还必须有能力，否则他们与以前解雇的人没什么区别，他又何必大费周折地组建他们呢。最重要的是，新队伍必须有魄力，克莱斯勒太陈腐、太需要改变了。有能力的队伍可以让克莱斯勒死而复生，但只有既有能力又有魄力的队伍才能让克莱斯勒快速复生。

艾柯卡在汽车业打拼了三十多年，多年的管理经验告诉他：人事、产品和利润是一个企业能够存活下来的三大法宝，而三者中尤以人事最为重要，没有一个好的领导团队，是不可能生产出好的产品，赢得大量利润的。所以，他决定立刻组建新的领导队伍。

他身边一直带着一个黑色笔记本，那是他离开福特公司时带出来的，里面记载了福特数百名主管们的信息。当年被亨利开除后，艾柯卡回办公室收拾自己的东西，他就觉得没有什么东西比这个笔记本更重要了，他告诉自己办公室里所有的东西都可以不要，但一定要带走这个笔记本。于是，他去找亨利的弟弟比尔，请他允许自己带走那本记载了他在福特美好时光的笔记本。比尔的为人不错，很重感情，他当然不会拒绝艾柯卡的请求。

"你的价值终于要体现出来了！"艾柯卡翻开那本笔记本，心里窃喜万分。克莱斯勒现在需要一批一流的财务人员，笔记本中有一份兰迪给他的全福特最好的财务人员名单。他细细地翻阅着那份名单，认真筛阅每一个财务人员的信息，当他看到格林瓦这个名字时眼前一亮。格林瓦今年才44岁，但已表现出了过人的才干，他不仅是个理财的高手，而且具有发现问题解决问题的管理才能，同时能够埋头苦干。

艾柯卡觉得他就是自己要找的人。于是马上给格林瓦打电话，但他与他太太参加宴会去了，所以艾柯卡只能给他留下电话录音。当他们回家后听到有艾柯卡的留言，他的太太立刻就猜到了艾柯卡打电话的目的，于是让丈夫不要回话。她说他们在凯拉凯斯过得很舒服，如同小池塘里的大鱼，但如果去克莱斯勒公司，就如同跳进了一洼浑水，时刻都有被呛死的危险。

格林瓦认真考虑后还是给艾柯卡回了电话，并约他在迈阿密会面。他们的会面很隐秘，因为格林瓦说在他没决定加入克莱斯勒之前，不想被别人知道，艾柯卡答应了他的要求。艾柯卡向他介绍了克莱斯勒面临的困境，并恳切地请求他来帮助自己。格林瓦并没有立刻答应，而是说要回去考虑考虑。

随后他们又约了第二次见面的时间、地点。第二次见面格林瓦问艾柯卡："你知道的，我一直想跳出财务圈，福特的账目让我整天头痛。如果我去克莱斯勒公司，你能如我所愿吗？"

"当然可以，但你来后的首要任务还是整顿财务，克莱斯勒的财务太混乱了，它需要你。等财务状况稳定后，只要你能给我找到合适的接班人，我就会把你调到你想去的部门。"艾柯卡直言不讳地回答他。

随后他又问了艾柯卡几个问题，艾柯卡都给了他明确的答复。在得到满意的答复后，格林瓦当场表示他愿意加入克莱斯勒。在他转身离开时，艾柯卡又叫住他说："格林瓦，我向你保证，你当上总裁的时间会比你想象的早。"他用怀疑的眼光看了艾柯卡一眼，却发现艾柯卡的表情是一本正经的。

格林瓦到克莱斯勒后，淋漓尽致地发挥了他过人的理财能力，快刀斩乱麻，没用几个月就把公司的财务整理得井井有条，且运作良好。这时候，他到艾柯卡办公室告诉艾柯卡他准备辞掉这个财务长的职位。艾柯卡明白他的意思，他曾经答应过他允许他转行的。于是，他问："你推荐的接班人呢？"

"米勒。"格林瓦直截了当地说。

艾柯卡知道米勒这个人，他曾是格林瓦在委内瑞拉时的重要财务主管之一，在与银行的数百次谈判中他表现出了精明的理财才能，他的能力足以与格林瓦并驾齐驱。艾柯卡很高兴地答应了格林瓦转行的请求，毕竟他是那么优秀，足以担当起他想干的任何工作，而且他还为自己引来了米勒这样一个如此优秀的人才。

每次说服人来克莱斯勒，艾柯卡都有种负罪感，面对一个烂摊子，连他自己都想逃走，却还去拉别人进来。他很想告诉他们："离那堆烂摊子远点！"但他不能说出这样的大实话，他只能告诉他们另一句实话："如果我们组成一个有力的领导队伍，我们很快就能挽救回克莱斯勒。"

对于他的领导队伍，艾柯卡唯一不感到愧对的就是斯帕利希。因为在他来克莱斯勒之前，斯帕利希早就在1977年被亨利·福特开除，后来到了这里。艾柯卡很了解斯帕利希的才能，当初亨利开除他时，他苦苦地劝说亨利，但现在他很感谢亨利，谢谢他那么早就把这么个人才摆在了自己需要的地方。

从一开始，格林瓦和斯帕利希就是艾柯卡的一对好帮手，但光靠他们三个人还是不可能彻底管理好克莱斯勒那么一个大摊子，艾柯卡明白自己的人才储备库仍急需纳入新鲜血液。可从哪里能很快地请到那么多人才呢？这让艾柯卡困惑了好几天，突然有一天，他想到了福特公司已退休的主管们，他们可都是经过千锤百炼的精钢，有经验、有智慧，还退休在家，简直就是上帝为他准备好的最佳智囊团。

退休后还能有机会出来干一番轰轰烈烈的大事，对那群福特的老精英们来说，简直是上帝给他们的又一次新生。艾柯卡深知他们的秉性，所以他有信心请到他想请的人。

卢克斯曾在福特公司负责行销及经销商业务，艾柯卡觉得他是那种天生的行销人员，在经销商以及顾客那里都有很好的人缘。艾柯卡相信他的加入一定可以改善公司与经销商们的关系。

艾柯卡的判断一点没错，卢克斯接受了他的邀请，同意到克莱斯勒当顾问。但对于一个实干型的人来说，顾问的工作实在让他难以过瘾，于是就经常亲自上阵，解决公司与经销商间的矛盾。而且，经他几个月的调解，公司与经销商们原本剑拔弩张、互不妥协的关系明显出现了好转，汽车销量也有了相应的增长。

本来，卡尔·卢克斯只答应艾柯卡来帮他几个月，而且他还同时经营着他的合伙生意。后来，他决定不走了，留下来继续做他的老本行，负责行销及销售部门。因为，他觉得与艾柯卡并肩奋战的那几个月让他找回了当年意气风发的自己，他很留恋这种年轻的感觉。

除了卢克斯外，艾柯卡还请到了福特公司前任副总裁保罗·相克莫斯。相克莫斯曾在福特公司工作30年，在退休的前几年一直在担任采购部门的副总裁。在艾柯卡看来，他是个奇才，既坚韧又富有创造力，做出来的事情总能让人啧啧称奇。

艾柯卡在邀请他的时候是这样说的："嘿！老朋友，知道吗？我遇到了一堆麻烦，正孤军奋战，我急需你的帮助！"在艾柯卡打电话给他之前，他就已经对克莱斯勒的状况有所耳闻，但他仍答应了艾柯卡的请求，到克莱斯勒负责采购工作。

虽然来之前他已作好了面对困难的心理准备，但克莱斯勒公司的混乱状况还是令他大吃一惊。他跑到艾柯卡的办公室对他说："李，我发现了一堆问题，这些问题让人觉得好笑，这里乱得真够可以的！"虽然如此，他仍没有打算退出，乱世出英雄，克莱斯勒如此混乱的局面正好给他提供了一个大展身手的机会，他怎么会放弃呢？

除了以上几位，艾柯卡还从福特挖来了很多他在福特时的老部下，他们本来就是绝佳的组合，工作效率高得让人惊奇。当艾柯卡向他们发出邀请时，他们觉得大家重聚在一起大干一场的机会来了，就纷纷辞掉在福特的工作，投奔到艾柯卡的旗下。他们的到来不仅为艾柯卡带来了卓越的管理人才，还带来了一大批的资源和客户，这对深陷困境的克莱斯勒来说，简直就像遇到了天上掉馅饼的好事。

艾柯卡招徕了许多福特的老员工，他们精明能干又有经验，是挽救克莱斯勒的大功臣。没有他们，艾柯卡也许也能挽救克莱斯勒，但会更辛苦，花费的时间肯定也会更多，艾柯卡真心地感谢他们。

有趣的是，有一段日子，许多人都称克莱斯勒是小福特，因为当时克莱斯勒的领导队伍基本都来自于福特公司。艾柯卡相信，当亨利听到这个称呼的时候，一定被气得疯掉了。

4. 重塑克莱斯勒的品质

通过招徕福特旧部、请退休的老员工出山以及从年轻人中挑选优秀的人，艾柯卡组建起了一支强有力的领导队伍。这支队伍经验丰富、充满干劲，有能力也有魄力挽回克莱斯勒即将破产的命运。为了尽快改变克莱斯勒的现状，艾柯卡要做的下一步工作就是解决克莱斯勒的产品问题。

克莱斯勒的产品存在质量与形象上的严重问题，不同车型质量差别很大，车型普遍陈旧，缺乏吸引力。要改变这些留给顾客的坏印象可不是件容易的事，艾柯卡觉得与其花心思促销那些过时的车型，还不如集中精力开发出新车型，而且要开发出那种质量好、款式新、性价比高的新车型。只有推出绝好的新产品才能彻底改变老克莱斯勒公司留给顾客的坏印象。这是拯救克莱斯勒最好、最快捷的方法，也是唯一的办法。

为了提高产品的质量和形象，艾柯卡恳请汉斯·马仕斯走出退休老人的行列，来克莱斯勒帮自己。马仕斯原是福特公司的总工程师，退休前一直负责福特公司的生产制造总部。他对产品的质量有着精益求精的要求，正是在他的监管下，福特公司的产品才有了质量上的飞跃。这次，艾柯卡请他担任公司顾问，帮他严把产品的质量关。

马仕斯性格直爽，说干就干，到克莱斯勒不久就与斯帕利希一起为公司的汽车制造系统确立了一套纪律。同时建议公司建立工人工会和研讨会。他们的努力使克莱斯勒变得更加有条理了。

斯帕利希向来对市场有着敏锐的直觉，他想设计出未来三年会热销的车型。艾柯卡很赞成他的想法，但提醒他一定要把握好分寸，过于超前与滞后一样，对汽车业来说都是灾难。克莱斯勒正处于转型期，如果在转型期能维持公司的正常运营，他们就能熬过这个寒冷的冬天继续生存下去，否则，只要一个失误就可能将他们推向破产的深渊而无挽回的余地。

顾客对转型期的企业所生产出来的产品向来持怀疑态度，认为转型时期所生产出的产品在质量上很难保持稳定的状态。艾柯卡认为他们现在所要做的就是生产出一批质量稳定、款式新颖，价格合理，足以吸引顾客眼球的汽车，然后让它们一炮走红。这样公司就可以借助它们所带来的利润继续维持下去，继续进行大改革。

关于产品的质量问题，艾柯卡算过一笔账：如果产品在未出厂之前发现技术问题，检修加维修每小时只需花费20美元，而如果出厂后顾客发现问题，让经销商们负责维修，每小时则要花掉30美元，且还会损害产品的信誉。所以，艾柯卡决定必须在出厂之前解决所有的质量问题。

要确保产品的质量，单是靠优秀工程师的努力是不够的，它还需要生产汽车的工人们的努力。自从公司成立了产品管理协会，工人们的责任感和主人翁意识大大提高了。公司同时也成立了美国汽车工人工会和克莱斯勒公司产品质量管理计划委员会，充分维护工人的利益，倾听工人的心声。在会上，每个人都可以针对产品的质量问题提出自己的意见。

工人们对质量问题的关注首先要归功于汉斯·马仕斯。为了找出汽车的不足，提升汽车的质量，他每天早上都会随机挑选几个工人与他一起研究"丰田"汽车，让他们通过对比找出自己生产的汽车的不足之处。他通过这个方法让工人们清楚地认识到自己的不足，激起他们改进的决心。除了这个办法外，他还为克莱斯勒公司的汽车制造系统制定了严格的纪律，结束了车间里懒散无秩序的状态。

提到改善公司产品的质量问题，艾柯卡觉得还有几个功臣的功劳不可磨灭，其中就包括帝及·雪夫和狄克·道奇。雪夫是克莱斯勒的老员工，比艾柯卡早进入好几年，但一直未引起管理者的重视，一次十分偶然的机会，艾柯卡发现了他的才能，就将他提拔重用，他一直没让艾柯卡失望过，后来艾柯卡就让他主管整个制造工艺。

艾柯卡觉得狄克·道奇不仅仅是他的奇兵，还是他的福将。他曾在通用和福特公司都待过，有着这两家公司的优良传统，后来被克莱斯勒公司挖来了。道奇为了让克莱斯勒公司尽快获得新生，就从通用和福特这两家公司中招徕他以前的同事。他的人缘可真够好的，连艾柯卡都很佩服他，他一共为他招徕了15位优秀的人才。

现在，克莱斯勒的领导队伍已经组建齐全了。他们从福特公司和通用公司找到了现成的行销、财务和采购的人才，请到了资深的工程师，老兵和新秀，将军与小兵，还有许多退休人才，他们紧密地团结在一起，组成了人才荟萃的大熔炉，共同致力于铸造高质量的品牌车。

艾柯卡深知汽车的售后服务非常重要，绝不可将它当作是为了促销所开的空头支票。汽车在运行四五年后，它的引擎和传动系统就会出现老化和磨损，克莱斯勒的售后承诺是五年保修，如果不严把产品的质量关，单单是这维修的费用就能将公司拖垮。不过幸运的是，艾柯卡他们对产品质量的高要求大大降低了售后服务的成本，也因此为克莱斯勒汽车赢得了好声誉，购车的新老客户渐渐多了起来。

5. 大胆的促销活动

克莱斯勒公司的那套行销手段让艾柯卡很不满意，他认为必须重新聘请行销人才。克莱斯勒正处于转型期，只有将他们千辛万苦生产出来的高品质的汽车卖出去，他们才能真正救活克莱斯勒。而且，艾柯卡觉得他们必须出奇制胜，不可以走寻常路。

艾柯卡解决克莱斯勒行销问题的第一个举动就是解除公司与杨·鲁毕肯和广告公司的合约，聘用艾克哈德广告公司为克莱斯勒的新代理商。艾克哈德公司曾替福特公司的"林肯—水星"车系做过令人难忘的精彩广告，对于他们的能力艾柯卡深信不疑。

当时，艾克哈德公司与福特公司仍有7500万美元的合同，但为了加入克莱斯勒公司与艾柯卡再度合作，他们立即就终止了与福特的合同。艾柯卡猜亨利知道这件事后肯定又会大吃一惊，他已经从他那儿挖走了那么多的人才，现在连他最优秀的广告公司也挖走了，这怎么能不让他吃惊和愤恨呢？

艾柯卡与艾克哈德公司的合作非常有默契。艾柯卡让他们参与到汽车生产的每一个环节，还让他们成了克莱斯勒公司计划与行销委员会的会员。在汽车界，汽车公司与广告公司如此密切合作的事情从未发生过，但艾柯卡深知这种密切合作的好处，而且这种好处很快也显现了出来。

有一次，在一个星期四的下午4点，艾柯卡决定向客户提供10.9%的新利率以刺激他们的购买欲。艾柯卡的决定一作出，艾克哈德公司马上就采取了行动，制作电视广告。星期五的早上5点，拍好的广告片就被摆在了艾柯卡的办公桌上。星期六，人们便通过电视广告知道了克莱斯勒的这个促销活动。

当汽车销售进入低迷期时，广告公司就为公司出谋划策，打出了大胆的广告："请将您的目光投向克莱斯勒汽车，我们随时欢迎您来试开和购买我们的车。如果您对我们的车不满意，我们郑重承诺，将会全额退还您的车款，并奉上50美元的酬谢金以感谢您对我们产品的关注。"

艾克哈德公司一提出这个广告方案，就遭到了许多经销商的反对，他们觉得这简直是在给那些无赖们送钱。说实话，艾柯卡刚听到他们的这个提议时也被吓了一跳，觉得太冒险了，但他仍同意了他们的提案，觉得当时的公司值得冒这个险。广告一经打出就吸引了许多人到车展现场，公司的销售额出现了明显改善。这完全出乎艾柯卡他们的意料。

尽管如此，这个活动只持续了几个月就被停止了，保守的经销商仍觉得这个促销手段太冒险。但艾柯卡始终认为它不错，很大胆，很有新意，也让公司取得了不错的销售业绩。

艾柯卡还与艾克哈德公司共同策划了一次非常成功的促销广告：凡购买我们公司汽车的人，30天内如有任何不满意的地方都可开回退款。我们唯一的要求就是扣手续费100美元，因为您退回来的车子我们没法再当新车卖了。"

在1981年，当克莱斯勒公司实施这个促销计划时，整个底特律都沸腾了，他们认为艾柯卡一定是疯了！"如果有人开了一个月后说他太太不喜欢车的颜色了怎么办？""如果有人趁火打劫只是想开开新车怎么办？""如果他买了车又后悔了怎么办？"

但结果却出人意料的成功，退车率比他们想象的少多了。他们原来设想会有1%的人来退车，但实际上并没有那么多投机分子，对于克莱斯勒汽车的品质大多数人还是非常认可的。艾柯卡为自己大胆采用这个促销方案而感到自豪，因为他不仅卖出了更多的汽车，还知道了顾客对克莱斯勒汽车的认可度，所有的结果都让他感到欣慰。

第十一章 一生中最黑暗的日子

"作为企业的领导，最重要的就是能够身先士卒，为他们树立榜样。员工的千百双眼睛都看着你，只有你做到了大家才会模仿你。"

1. 节衣缩食和变卖家当的日子

当艾柯卡组建起了自己的领导队伍，信心满满地准备力挽狂澜，将克莱斯勒从破产的边缘拉回时，一场突如其来的石油危机又将他们推到了风口浪尖上。

1979年2月以前，汽油的价格是每加仑0.65美元，而2月份之后，汽油的价格就一路飙升，达到了每加仑2.6美元。即便如此，加油站前还是排满了准备加油的车辆，因为怕油价会继续上涨，很多人都带着油罐去，准备多买些储存起来。排队买油的人越聚越多，但加油站的油却只出不进，很多加油站都不得不关门大吉。

石油危机的出现将原本滞销的小型车重新推上了舞台，成为大众的新宠。日本在圣地亚哥及巴尔的摩的码头囤放着70万辆小型车，这些车曾经一度让他们头疼，但到4月份，他们囤积了多年的70万辆小型车被一抢而空。面对石油危急，心急的美国人想立竿见影地达到节约能源的效果，于是纷纷购买小型车。由于货源告急，许多人不惜多花1000多美元，从黑市购买那些小型车。

日本公司一直致力于生产小型车，即使是库存堆得跟山一样，他们也没有生产大型车的计划。这次他们的车会如此畅销，全拜石油危机所赐，并不是因为他们有什么先见之明，预测到了石油危机。日本公司是幸运的，但福特公司、通用公司和克莱斯勒公司这美国的三大汽车公司则没有那么幸运了。

比较起来，在三大汽车公司中，通用公司还算是幸运的。由于他们在1979年以前就有过制造小型车的计划，石油危机的来袭，让他们决定提前将计划付诸实践，在4月份推出了"X型"新车。这种省油的小型车一经推出就被抢购一空，而且还收到了两万多份预购订单。

克莱斯勒公司可就惨了。自1974年发生的石油危机之后，油价一直很稳定，许多公司就开始生产大型车，克莱斯勒也就跟风似的大量生产大型车，而对于小型车则很少涉及。当潮流一转，大型车没了市场时，他们当然拿不出市场需要的小型车来维持公司的正常运营了。

从1979年的1月到5月这五个月间，小型车的市场占有率飞升了15个百分点，从43%升至58%。在汽车业，一年出现两个点的变动都是很少见的，而现在，在不到半年的时间里居然出现了15个点的浮动，令人难以想象。更为可怕的是，在这五个月中，克莱斯勒公司的销售量下降了42%！如此猛烈的冲击是艾柯卡进入汽车业以来从未经受过的，对克莱斯勒来说，这几近于灭顶之灾。

石油危机爆发后不久，美国又出现了经济大萧条，人们的购买能力急剧下降，汽车业的不景气现象变得更严重了，连一向财大气粗的通用公司和福特公司也在这次大萧条中元气大伤，更何况原本就在大出血的克莱斯勒公司呢。

面临如此不堪的局势，艾柯卡想过放弃克莱斯勒，但他心有不甘，他不愿意向困难屈服。突然，他想起了自己的父亲，想到了他曾经告诉他商场如战场，要讲究战略才能存活下去。针对当时的状况，艾柯卡觉得最好、最简单的策略就甩掉包袱轻装上阵，也就是关掉那些赔钱的工厂，裁掉那些不是很需要的人或者说那些没有能力的人，以减轻公司的负担。

艾柯卡觉得世界上最艰难、最伟大的职业就是战场上的军医。他记得自己曾问在菲律宾野战医院当军医的表哥："战场上那么多受伤的人，你们怎么知道先救谁后救谁啊？在上帝面前他们可都是平等的。"

他说："这是个优先排序的问题。比如说在战场上有40个战士同时倒下了，医务人员只有3个小时的救助时间，你觉得应该先救谁？其实那种情形下容不得你考虑太多的，你必须先救最有存活可能的人，能救几个是几个，对于其他的人，你只能看着他们死去，爱莫能助。"

现在的克莱斯勒公司就如同在战场上打了一场惨烈的仗一样，伤病无数，必须马上采取行动尽可能地抢救。

艾柯卡想作出长远的计划，可现在正处在危机时期，留给他的时间根本不允许他反复研究。他在一张纸上列出了十项事情，这十项事情是他必须马上解决的，他对它们排了下顺序，发现目前自己最应该解决的事情是斩断公司的累赘。于是，他痛下决心，列出了他准备关闭的那些在严重赔钱的工厂，其中包括密歇根州里昂市的汽车装潢厂和底特律波兰人汉母翠克的道奇车系主厂。关闭工厂的消息一传出，就有大批工人举行游行示威活动。

在关闭亏损严重的工厂的同时，公司还必须想办法让供应商继续供应原料，即使他们已无法付他们原料钱了也不能让他们停止供货。可供应商并不傻，他们不会做赔钱的买卖的，为了说服他们继续供货，艾柯卡说服他们时说公司并不会倒闭破产的，并拿出他们未来所要生产的新产品给他们看，以赢得他们的信心和坚持下去的耐心。

为了减少生产成本，公司决定实行"需要时才送货"的制度，也就是所谓的"零货暂存"制度，这是个有效降低运营成本的方法。

除了"零货暂存"制度外，公司还在想尽办法地省钱。在设计"K型车"时，为了能在标准运货车上多装几辆车，减少运费开支，公司便特意将车的长度控制在167英寸之内。在印1979年年度报表时，公司决定放弃传统的彩色全页豪华版，而改用白纸黑字的简装版。只印一份报表的话，采用豪华版或者简装版都无所谓，价格的差别不会太明显，但公司所要印的可不是一份，而是20万份。经这么一转变，不仅让公司省了一大笔钱，也让股东们知道公司在艰难地运营着。

但仅仅是节省开支是不能够将公司继续维持下去的，在艾柯卡的面前每天都有一堆账单要支付，为此他必须筹一大笔钱。

公司的财务总是出的比进的多，再强大的公司也会有被拖垮的一天，何况克莱斯勒的资金链早就脱节了呢。在艾柯卡加入克莱斯勒之前，它就在赔钱，而石油危机和经济大萧条的出现更加剧了他们的财政困难。为了继续生存下去寻找复兴的机会，艾柯卡只有从公司现有的资源里找钱。

为了筹到9000万美元，他将经销商的土地所有权卖给了堪那萨斯市的ABKO公司。这批土地中有好几百块是在市中心的，它们本是要用来设立克莱斯勒公司供销商阵营的。为了解决燃眉之急，公司只好忍痛割爱。后来，为了维护经销商的权益，公司出了双倍的价钱却只买回了一半的土地。

在那以后，公司还卖出了一系列的工厂，将自己的阵营缩减到北美和墨西哥境内。最让艾柯卡痛心的还是卖掉坦克工厂的事。迫不得已公司以3.48亿美元的价格把坦克工厂卖给了通用动力公司。

如果说以前卖掉工厂是在自断手指的话，那卖掉坦克工厂对克莱斯勒公司来说，简直是在砍断手臂。国防器材部门是唯一有美国政府支持和保证购买产品的企业，单是政府这么一个顾客每年就能给公司赚5000万美元的利润，可为了得到现金来缓冲公司的财务困境，艾柯卡只能忍痛割爱。

为挽救克莱斯勒公司，他们所作的每一个决定都很艰难，但与大量裁员比起来，那些决定都不足为道了。从1979年初到1980年4月，公司共裁掉了7000个管理人员，不久后又裁掉了8500多名领固定工资的员工，仅仅通过这两项措施，公司一年就减少了5亿美元的支出。

裁员向来是遭人记恨的，但那也是迫不得已的举动。每次公司裁员，艾柯卡都会亲自出面，向那些资深的员工道歉，并告诉他们这是公司的无奈之举。为了让他们被解雇后的生活不至于太凄苦，艾柯卡总是尽可能多付给他们些遣散费。

通过几次裁员行动，艾柯卡将公司的管理层缩减了三分之二。缩减管理层的人数原本是为了减少公司的开支，但没过多久，他就发现精简管理层的好处可不单单是减少开支那么简单，它还大大提高了公司的工作效率。

2. 年薪只拿一美元的总裁

为了拯救克莱斯勒，艾柯卡卖出了公司临时用不到的土地、工厂，还进行了大批裁员，但这些措施还是不足以修好克莱斯勒这条漏洞百出的大船。为了将公司继续维持下去，他还必须继续推出开源节流的方案。艾柯卡知道，这次他不能再裁员了，那太残忍，会让他受不了的，而且公司现在也承担不起他们的遣散费了。

但难关摆在面前，他必须去摆平它。于是他决定缩减员工的薪金，从高层到普通员工，共缩减了12亿美元的工资支出。这其中包括最高管理层减薪一成，而他只象征性地拿一美元的年薪。

由于艾柯卡自己以身作则，所以他的减薪计划得到了工会和公司全体员工的理解与支持。减薪不仅没让公司出现罢工等抗议现象，反而让整个公司的人更团结了，大家上下齐心，愿意与克莱斯勒公司共存亡。

对于那次减薪活动，艾柯卡在他的自传中为我们作出了解释。他说："领导者的职责之一就是为员工树立榜样。当你为他们树立起榜样时，他们就会仿效你，追随你的每一个行动。当然，不可否认，这样会给领导者的私生活带来些困扰。但如果你想做领导者就得付出些什么。领导者所讲的话，总有人会仔细琢磨；领导者的每一个行动，总会引来他人的关注。因而，作为一名领导者，必须谨言慎行，为自己的每一个行为负责，为自己的每一个下属负责。"

对于自己只拿一美元年薪的事，他说："我每年只拿一美元的薪金，可不是为了做什么殉道者，我没伟大到那种程度。我之所以那么做，是因为我清楚我必须与我的士兵一起进入战壕作战，与他们同甘共苦，共同牺牲。只有这样，我才能树立起威望，才能问心无愧地减掉别人的工资。当我去找工会主席道格·弗雷泽时，我一点都不心虚，而是理直气壮地说，'我已带头作了牺牲，现在我要求你的会员以及你自己也来为公司分担些负担'。他早已知道我只拿一美元年薪的事了，所以他不可能不照我说的做。"

对于自己这么做的原因，他也从不隐讳："我就是要为我的员工和我的供应商树立榜样，让他们即使心里不乐意，也不得不跟随我。这就是我决定只拿一美元年薪的原因，一个经过认真考虑和注重实效的计划。"

艾柯卡把他的这种做法叫作牺牲均等。当他带头作出牺牲时，他的员工更愿意追随他了，在凡是需要牺牲的地方，总有人毫无怨言地在牺牲着。也正是由于全体员工的共同牺牲和不懈努力，克莱斯勒才挺过了那最艰难的时期，迎来了充满生机的春天。

艾柯卡削减完自己的薪水后，才对他的高级经理们说："我打算削减你们10%的薪水。"这在汽车工业史上是史无前例的，那群高级经理的薪水从来都是越拿越高的。但这群高级经理们都没有怨言，董事长都将自己36万美元的年薪削为了1美元，他们减薪10%又有什么好抱怨的呢。

除了底层的管理人员和各个高级经理的秘书外，艾柯卡削减了所有人的薪水，而且非常顺利，几乎没遇到员工的任何反抗。牺牲均等让所有人都明白了他们是个密不可分的大集体，一荣俱荣，一毁俱毁，他们必须同甘共苦、共同作出牺牲、共同付出努力才能拯救克莱斯勒，才能拯救他们自己。

在这之前，工会一直认为管理人员都是一群喂不饱的肥猫，他们总是压榨工人的血汗钱。艾柯卡也知道工会对他们的看法，所以当他与工会谈减薪的事情时就说："现在你们都看到了，管理人员已经成了非常瘦弱的'肥猫'了，你们还有什么不满意的吗？"

艾柯卡奉行的牺牲均等原则不但让工会消除了对他的敌视，还让他们与自己成了好朋友，他们都非常拥戴他，说："这家伙能带领我们走向成功！"

3. 最后的救命稻草

自1979年5月开始，艾柯卡就果断地采取了一系列行之有效的措施来挽救濒临破产的克莱斯勒，虽然他已经竭尽了全力，但经济形势的日益恶化还是使公司的财政赤字急剧上升。

一个深陷泥潭的人，无论他再怎么拼命地挣扎也是无法摆脱被吞没的命运的，而且挣扎得越久生还的概率越低，他唯一明智的办法就是尽快向他人求援。艾柯卡觉得当时的克莱斯勒就如同一个深陷泥潭已经很久了的人，他必须马上去求援，否则就真的没有了复兴的希望。

他果断地决定向政府求援，请求政府作贷款保证。他一将自己的决定告诉公司的高层管理人员，就遭到了许多人的坚决反对，其中以他忠实的伙伴斯帕利希反对得最为强烈。他一直认为政府的介入只会加速克莱斯勒的灭亡，所以坚决不同意艾柯卡去做那样的蠢事。还有一部分反对的人认为向政府求援会损害克莱斯勒的声誉。他们向艾柯卡举了英国礼兰汽车公司的例子，说当他们向政府求援的消息一传出，民众对他们的信任度就打了折扣，他们的市场占有率很快就缩减了一半，从此便再也没振作起来。

面对满屋子的反对声，艾柯卡很苦恼，就问他们："你们以为我喜欢让政府介入吗？鬼才愿意去看他们的脸色呢，但我实在无计可施了。既然你们都那么反对，那就请帮我指出一条更好的出路吧！"所有人都哑口无言了，他们只知道怎么做不好，却想不出怎么做才好。

　　谁都不愿意眼睁睁地看着克莱斯勒倒闭，却都无计可施，只得极不情愿地向政府申请贷款。

　　正如艾柯卡他们预料的一样，克莱斯勒公司刚向政府提出贷款请求，就在美国全社会激起了轩然大波，他们几乎一致认为克莱斯勒没有了复兴的希望，应该尽快宣布它的破产。

　　按照资本主义社会企业自由竞争的原则，政府是绝不应该给予克莱斯勒经济援助的。但艾柯卡将政府的担保贷款视作拯救克莱斯勒的最后稻草，是不会放弃的。他游走于参议员、银行家的办公室，去拜访各个党派，去作电视宣讲等等，只要是他觉得有助于他申请到贷款的事情他都去做了。"我简直觉得自己的脸都快麻木了，每天堆着笑去见那群刻薄的家伙，太痛苦了，天哪，上帝保佑我这辈子都不要再见到他们了！"很多次艾柯卡都抱怨说。

　　经过艾柯卡的多方努力，政府最后决定给克莱斯勒公司一次机会，但要艾柯卡自己去争取。国会为此还专门举行了国会议员听证会，会上委员会成员坐在半圆形的会议桌上，向下俯视着艾柯卡，而艾柯卡要想看清他们的表情就必须一直仰着头。"那简直是在接受审判，一双双高傲的眼睛俯视着我，好像在告诉我我做的事情是多么龌龊一样。"艾柯卡永远忘不了听证会上的情景。

　　参议员兼银行业务委员会主席威廉·普洛斯迈质问艾柯卡："如果保证贷款案得到批准，政府对克莱斯勒公司的介入将会更深，这与你长期以来鼓吹的企业自由竞争不是自相矛盾吗？"

　　"您说得没错，是很矛盾。"艾柯卡回答说，"我这辈子都会是企业自由竞争的拥护者，说实话，我也很不乐意站在这里，但我们公司目前的处境逼迫我不得不来，除非我们能及时得到联邦政府的保证贷款，否则克莱斯勒就真的没救了。"

　　他看到没有议员打算起来打断自己，就接着说："我想我说得没错，克莱斯勒的请求贷款案并非是在开先河，这一点在座的各位参议员肯定都比我清楚。事实上，你们的账册上早已有了4090亿美元的保证贷款，你们可以仁慈地为其他企业提供贷款，也就务必请你们再仁慈一次，不要让挽救企业的善事到此为止。"

艾柯卡知道那群道貌岸然的参议员们的死穴在哪里，他们才不在乎克莱斯勒倒闭不倒闭呢。于是，他打算使出自己的杀手锏，拼死一搏："你们应该很清楚，日本汽车正迅速涌入美国，他们无孔不钻，很有一统美国汽车业的野心。如果克莱斯勒倒闭了，它的几十万员工很可能就会成为日本人的佣工，作为日本佣工的政府，你们会感到自豪吗？"

艾柯卡说完这番话，原本死气沉沉的会议厅里立刻传出了窸窸窣窣的小声讨论声。艾柯卡知道自己的激将法起作用了，于是他打算再给这群参议员们补上一课。他提高了嗓音说："财政部的调查材料显示，如果克莱斯勒公司倒闭了，在第一年里，政府就得拿出27亿美元的保险金和福利金给那些失业人员。"

听到27亿美元，那群参议员都很吃惊，很显然他们并没有算过这笔账。看着那群吃惊的参议员，艾柯卡接着说："现在，摆在你们面前的有两个选择项：第一，我马上宣布克莱斯勒破产，然后你们立马支付27亿美元的保险金和福利金；第二，将这27亿美元的一半作为保证贷款贷给克莱斯勒，日后不但可以全额收回，还可取得数目可观的利息。到底选择哪个你们自己决定吧。"

艾柯卡的一番话说得那群国会议员哑口无言，他们实在找不到什么反对理由可以敌得过艾柯卡所说的27亿美元。最终，克莱斯勒的申请贷款案被批准通过了。

艾柯卡觉得自己之所以能够说服那群顽固的参议员，并不是因为自己的辩论能力有多么强，而是因为他把那群参议员们知道的事情更清晰明确地又说给他们听了一遍而已。对于克莱斯勒倒闭所带来的后果，他们不会不知道，只不过不愿意面对而已。艾柯卡所做的就是将这些后果一一摆在他们眼前，让他们不得不去面对。

第十二章　人生的又一个巅峰

"这一天的到来足以抵消我们近三年来所经历过的所有艰辛，克莱斯勒公司用不合时宜的方式借的钱，今天全部还清了！"

1. 无债一身轻

在国会的听证会上，艾柯卡据理力争，说服议员们批准了他的贷款法案。他一再告诉他们，只要他们肯为克莱斯勒提供贷款保证，他就能让克莱斯勒在短期内起死回生。他之所以那么有信心地在大庭广众之下说出那番话，完全是因为克莱斯勒的K型车给了他勇气和力量。

K型车是斯帕利希主持开发出来的，它的传动装置设在前轮，坚固稳重，而且只需四个汽缸就能让汽车跑得很快，最关键的是它很省油，且容量大，足够六个人乘坐。艾柯卡觉得K型车的一系列优点足以让它再度风靡市场，将克莱斯勒拉回汽车市场的主流。

K型车是克莱斯勒的最后一张王牌，成功打出的话克莱斯勒就可以重新站起来，否则，他们就会输得非常惨。艾柯卡他很清楚这一点，所以他决定无论如何也要将K型车的品牌打出去。

在严把质量关的同时，他们也花了大量的心思用在促销上。他们知道K型车早已深入人心，他们所要做的就是重新唤起人们对它的喜爱之情。于是，他们打出了"K型车又回来了！"、"K型车引领K型市场！"等等宣传口号。很快K型车又成了人们热议的话题，它的销量也出现了快速增长。

《汽车流行》杂志的高度评价更是大大地推了K型车一把。该杂志将K型车评为"1981年之车",称它们是当时最好的车,既省油舒适又美观大方。他们十分肯定地说:"K型车是汽车品质的风向标,是新时代汽车的象征。最值得称颂的是,在美国所有的汽车公司中,克莱斯勒是第一个将大众的期望变为现实的汽车公司。有了K型车,克莱斯勒将会很快实现复苏,并为我们带来更优秀的足以抵御海水冲刷的好车,弥补我们购车者的疏忽。"

K型车终于挽救了克莱斯勒,它不仅为克莱斯勒带来了久违的利润,还为克莱斯勒在顾客中树立了良好的口碑。

K型车的成功推出对克莱斯勒来说,才只是好运的开始。1982年初,美国的国民经济开始全面复苏,汽车的销量也随之稳步增长。强有力的领导队伍和高品质的汽车,克莱斯勒的这两个优势足以让它在日益回暖的汽车市场上大展一番拳脚了。

到1982年底,克莱斯勒公司在平衡了收支以后,终于出现了微薄的利润。看到那个小数目,艾柯卡的第一个反应就是马上举行记者招待会,他要告诉所有人:"克莱斯勒已不再是那个'资金短缺'或'艰难挣扎'的落难公司了;如果你们愿意仍可以继续叫我们'全美第三大汽车制造商',而对于那些倒霉的词汇,请立刻将它们从克莱斯勒公司的头上拿开。"

事情往往就是这样,一顺百顺。到1983年底,公司的实际利润达到了9.25亿美元,这对克莱斯勒来说简直是天文数字,自克莱斯勒诞生的那一天起,它就没有赚到过那么多的钱。

在国会听证会上,为了争取到政府保证贷款,艾柯卡向政府作了许多承诺,包括使公司实现全面现代化、将所有车型改用"前轮驱动"技术、让公司在节能方面领先以及继续雇用50万名员工并生产出优质的产品等等。在3年内,艾柯卡完成了他的每一项承诺。

1983年春天,公司筹备发行新股票,原本计划发售1250万股,但排队购买的顾客实在是太多了，他们首批就售出了2600万股，而且是在一小时内被哄抢而光的。最后，公司只得增发，前后发行的股票数量加起来是原计划的两倍还多。

股票卖完后不久，公司就偿还了贷款合同里的4亿美元，因为这4亿美元太昂贵了，它的贷款利息高达15.9%。几个星期后，艾柯卡又作了一项重大决定，偿还所有的贷款，这比规定的还款期限整整提前了7年。

就像当初有人反对艾柯卡向政府贷款一样，现在又有些人反对他那么早还清贷款。他们认为艾柯卡的这个举动并不明智，毕竟公司刚刚好转，未来几年的状况如何谁都无法预料。

然而，艾柯卡却不那么认为，他对公司的前途一直充满着信心，并要尽可能快地摆脱政府的控制。在全国记者招待会上，他郑重地宣布1983年7月13日克莱斯勒公司偿还了所有贷款。值得注意的是，5年前的这一天，亨利·福特开除了他。

"这一天的到来足以抵消我们近3年来所经历过的所有艰辛，克莱斯勒公司用不合时宜的方式借的钱，今天全部还清了！"艾柯卡兴奋地向全世界宣布。"政府借出了很多钱，但能收回的却很少。当我们把支票交回时，他们真该把军医署署长叫过来，以防备他们中有人会因过度吃惊而晕倒。"他又打趣地说。

实际上，政府并没有在当天就解决掉贷款的事，他们的官僚作风大大消减了他们的办事效率，他们大约花了一个月的时间才想明白应该怎么处理这件事，因为他们已经很久没收到过回头钱了。

有趣的是，在还清贷款的同时，艾柯卡还从纽约市长那儿赢得了一桶苹果。因为在国会听证会上，纽约市长与艾柯卡打赌说他会比艾柯卡先还清政府的贷款，否则就输给艾柯卡一桶苹果。而当克莱斯勒还清了他们所有的贷款时，纽约市的债台上却还堆着十亿多美元的债务。

2.开敞篷车的人

10年前敞篷车就退出了底特律的工厂。虽然很多人都以为那是政府禁令的杰作，但事实上并非都因为禁令。华盛顿立法机关确实制定了一系列法案要求停止生产敞篷车，但它消失的真正原因是它自身的致命伤——空调设备和音响。因为它的顶篷是敞开的，所以这些设备根本起不到什么作用。

克莱斯勒公司自1971年起就不再生产敞篷车了，全美国最后一批敞篷车"多拉多"型敞篷车在1976年走下生产线后就为美国敞篷车的历史画上了句号。在克莱斯勒公司走上正轨后，艾柯卡终于有些时间来享受下生活了，突然有一天他想到了敞篷车，很怀念开敞篷车的感觉，但敞篷车早已退出美国的汽车市场好多年了，他根本找不到一辆能开的敞篷车。

"找不到我就自己制造一辆！"艾柯卡这样对自己说。说干就干，他那雷厉风行的作风从未改变过。他先找来一辆克莱斯勒生产的"宙比伦"型车，然后将它的顶篷切割掉，再作些后期完善，一辆敞篷车就横空出世了。他想拿他改造的这辆敞篷车做试验品，测试下人们对敞篷车的反应。整个夏天，他开着它到处跑，一路招摇过市。

艾柯卡很享受敞篷车带给他的那种自由的感觉，更让艾柯卡感到兴奋的是，敞篷车简直有种魔力，吸引着那些开"宾士"和"凯迪拉克"车的人疯狂追逐它,他们跟在艾柯卡身后不断鸣喇叭,要艾柯卡停车。"你开的是什么车?"他们的第一个问题总是这个。"是哪家公司生产的?在哪能买到啊?"当他们认出坐在驾驶座上的人是艾柯卡时,就兴奋地当场要求签约订购。

有一天,艾柯卡开着他的敞篷车到购物中心购物,他刚把车停下就被一群人给围住了,人们纷纷过来欣赏他的敞篷车,七嘴八舌地问他一些与车子有关的问题,那场面就像是他在当街散发百元钞票。

很显然,艾柯卡改造的那部敞篷车正在掀起一股浪潮。回到办公室,艾柯卡跳过研究表决这一关,直接拍板下令生产敞篷车。他对他的高级经理们说:"接下来就让我们就生产敞篷车,虽然我不知道它能不能赚钱,但我知道它一定会引领一番潮流的。"

几乎与克莱斯勒公司宣布推出"雷比伦"型敞篷车的同时,全国许多家银行的存款都出现了明显流动,人们纷纷取出自己的存款,等着购买敞篷车。这迫不及待的人群中,就包括著名女演员布鲁克·雪德丝,美国人都叫她"漂亮宝贝"。于是,公司就把生产的第一辆"雷比伦"敞篷车送给了这位女演员,并借此为"雷比伦"做了一场特别的宣传活动。

公司原本计划在第一年卖出3000辆"雷比伦"敞篷车,以实现收入与支出的平衡,但结果他们卖出了23000辆,大大超出了他们的预计数目。

在克莱斯勒成功推出敞篷车后不久,通用公司和福特公司也先后推出了他们的敞篷车。这在汽车业很正常,一种车型畅销后,各汽车公司就会跟风,推出相似的车型。但对艾柯卡来说这次的意义非凡,在以前,克莱斯勒总是跟在通用和福特的后面,追随他们创造出来的潮流,而这次不同了,克莱斯勒第一次走在了他们的前面，引得他们一路追行。

3. 大众的新宠儿——迷你客车

艾柯卡决定生产敞篷车，是抱着一种寻求刺激和提高知名度的态度，并没期望用它来赚钱。而在1984年推出"TI15"迷你客车则不同，他既想通过它来进一步开拓市场，又想通过它来赚进大量钞票。这种迷你客车的体积比传统的小货车稍大，比大客车略小，它可以同时承载8个人，而且它既舒适又省油，加上一加仑的油就可以跑30英里。

研发和生产这种迷你客车需要7亿美元，有人曾经问艾柯卡："克莱斯勒刚刚脱离破产的边缘，您就将7亿美元的资金投注到这项新产品上，您不觉得冒险吗？"

7亿美元对刚刚摆脱困境的克莱斯勒来说，就仿佛是他们储备在仓库里准备春天播种的种子，将这么多钱投资到新产品上，无疑是在吃掉种子，在外人看来当然很不明智。然而，艾柯卡不这么认为，他觉得公司刚刚站立起来，要想站稳脚跟就必须推出新产品，吸引更多的新顾客，这样才能最终变得强盛起来。但艾柯卡并没有正面回答那人的问题，而是诙谐地说："我已经尝过满身是债的滋味了，再背7亿美元的也无妨啊。"

实际上，早在艾柯卡还是福特总裁的时候，他就想生产"迷你型"客车了。在度过第一次石油危机后不久，艾柯卡就与斯帕利希一起设计了一款名叫"迷你马克士"的车型，它外形精巧、空间宽敞、前轮驱动。

在研发的过程中，他们在3个方面作了特殊设计：第一，降低踏板的高度以吸引穿裙子的女士们；第二，降低车身以适应传统车库；第三，在引擎的前上方设置一个"突起"的空间，以备发生意外时为双脚提供收缩的地方。

艾柯卡觉得他们的设计简直完美无缺，推出后肯定可以大获成功的，于是他兴奋地拿着设计图见亨利。然而亨利却告诉他："忘了它吧！我可不想为你的试验品埋单。"

1978年在福特公司，艾柯卡他们没能生产出迷你客车，但1984年在克莱斯勒，艾柯卡他们终于将它做成了。艾柯卡突然觉得亨利很可爱了，正是亨利的愚昧成就了他。

在迷你客车还没推出前，《鉴赏家》杂志就把它评选为了设计最优的车，《财星》杂志则宣称它是年度最富创意的十大产品之一。在迷你车正式推出前一个月，《黄包车》杂志就将它刊在了杂志的封面上。

迷你客车的市场非常火爆，一经推出便被抢购一空。不久，福特公司和通用公司也争先恐后地推出了迷你车型。模仿是最大的奉承，克莱斯勒再次走在了通用和福特的前面，成为了他们竞相模仿的对象。

自1964年推出"野马"车以后，就再也没遇到过一个新产品能让他那么兴奋、那么自豪。他记得自己驾驶着迷你客车在试验场试验时，他一圈一圈地绕着车道跑，一直不愿意下车。他为克莱斯勒的工程师们能制造出这么舒适的汽车而感到骄傲。

还清贷款，赚取到巨额利润，推出风靡一时的敞篷车和迷你客车，艾柯卡正引领着克莱斯勒一步步走向更大的成功。

第十三章　被迫成为名人

"我不是总统候选人，也不打算成为总统候选人，而且看不到能使我改变这个主意的条件和环境。"

1. 艰难的决定
——走上电视为克莱斯勒做广告

艾柯卡向来重视媒体的力量，认为他们是商人的好伙伴。在福特的时候，他就重视发展与各大报纸杂志以及广告公司的关系，认为"野马"的成功推出，"美洲豹"的闪亮登场以及大获成功都离不开他们的宣传制作。在他入主克莱斯勒后，他依然很重视媒体的价值，总是尽量与他们配合。

在艾柯卡加入克莱斯勒后不久，他的朋友里欧·亚瑟·盖尔门森有了一个大胆的构想，他想为克莱斯勒拍一组广告，并让他出现在广告中为克莱斯勒汽车代言。里欧·亚瑟·盖尔门森是堪洋广告公司的老板，也是艾柯卡的好朋友，他觉得当时的克莱斯勒无论请谁做广告，他的说服力也不会有克莱斯勒的总裁艾柯卡的说服力大，所以他强烈建议艾柯卡考虑下他的广告提案。

但不幸的是，他的提案一提出，就遭到了艾柯卡的反对，他不愿意在那个时候出现在电视上。他认为公司老总为公司做广告无疑是在向公众发公开承诺信，可克莱斯勒当时的信用度并不高，他也才到克莱斯勒不久，也还没能做出什么让公众信服的事，积攒信用度需要时间，他觉得自己不该那么早就走到公众面前，还需要等待时机。

盖尔门森知道自己的口才没有艾柯卡好，他说不过他，但他却有一个让他无法拒绝的理由：为了加强克莱斯勒公司的可信度。这个理由果然让艾柯卡无法拒绝，他最终出现在了盖尔门森为克莱斯勒公司拍的电视广告上，这是他第一次站在摄像机前为克莱斯勒汽车做广告，也是一个开始。一年以后的国会听证会让艾柯卡成了美国家喻户晓的人物，克莱斯勒公司的故事被许多家报纸疯狂转载。

广告公司敏锐地察觉到艾柯卡的知名度就是克莱斯勒宝贵的资产，他们应该好好利用这笔资产。在高地公园的策划会议上一个广告商说："所有人都误以为克莱斯勒公司要破产了，必须有个人来告诉他们真相，而除了艾柯卡外，我们找不出比他更有说服力和可信度的人。他是全美家喻户晓的人，他也是克莱斯勒公司的总裁，人们知道他肯定会说到做到，将自己代言的汽车制造出来并投放市场。只要出现在电视广告中就能为克莱斯勒赚到可信度和大笔潜在的金钱，这样的好事他应该不会放弃的。"

慎重考虑之后，艾柯卡觉得他们说得没错。他应该站出来为克莱斯勒代言，因为那的确是拯救克莱斯勒最简单有效的方法。短短几十秒的广告却要花费至少十个小时的时间来拍摄，这是艾柯卡当初没有想到的。拍摄广告耗费了他大量的时间和精力，每天花那么多时间待在摄影机前，让他没有太多时间去打理克莱斯勒的生意。他总是告诉摄影师快点拍摄，但实际上是快不了的，这让他很无奈。

除了担心拍摄广告耗费太多的时间和精力会影响他的工作外，艾柯卡还担心自己出现在电视广告中给公众带去的不是积极的信号，而是让他们误以为克莱斯勒使出的是最后的招数，让主管不顾一切地站出来为公司说话。如果真的像他担心的那样，那就太糟糕了，为此，艾柯卡的内心一直很纠结。幸运的是，艾柯卡的担心是多余的，公众对广告的反应很好，他们认为自己看到的是一个负有责任感的公司高管，同时对克莱斯勒的未来也增强了信心。

一直以来，企业都是找名人来拍广告推销自己的产品，克莱斯勒公司就曾请过裘·克洛吉拉、里卡多、孟德本为他们的汽车做广告，但从未有过自己公司的高管出现在公司拍摄的广告中。在这方面，艾柯卡创造了个先例，也引来了许多模仿者，其中有三个人非常有趣，他们都叫法兰克，东方航空公司的法兰克·伯曼，史奇里兹的法兰克·赛林格和鸡大王法兰克·伯度。

盖尔门森曾要求艾柯卡准许他们拍摄一个克莱斯勒会议的过程，作为公司在复兴的证据。这个要求得到了艾柯卡的准许，他们拍摄了一些艾柯卡对着一群经销商演说的镜头，并将它裁剪后放到了广告的结尾处。他们认为这个广告非常好，想再多拍一些类似的镜头，但艾柯卡却拒绝了，他说他不喜欢大张旗鼓地出现在公众面前。

但一次偶遇改变了艾柯卡的想法。有一次，他乘飞机去视察克莱斯勒在各地的工厂，在飞机上他遇见了底特律一个名叫约翰·墨里士的广告商，他对艾柯卡说："你们很有必要去告诉公众克莱斯勒已不是原先的克莱斯勒了，它拥有了新的血液，会重新恢复生机的。而传达这种信息的最好人选就是公司的新老板，也就是您，您出现在广告中一定可以带来意想不到的惊喜的。"听了那个广告商的一番话后，艾柯卡才恍然大悟，他告诉自己必须站出来。

在初期拍摄的一些广告中，艾柯卡只出现在广告的结尾处，做个简洁有力的收场语，譬如"你不必凭着对克莱斯勒公司的信心来买我们的车，你只需作个比较"、"如果你没将克莱斯勒汽车纳入你买车的考虑范围，对我们双方来说都会是一种损失"。

后来发现他的总结使整个广告取得了非常好的效果，于是广告公司就请艾柯卡作更积极地表达，以增强广告的吸引力，比如"选择克莱斯勒汽车，还是其他公司的汽车，那就要看你的眼力了！"
艾柯卡还拍了一个非常成功，以致于被大量模仿的广告。广告中，
他用右手食指指着摄影机镜头说："如果你能找到一部比它更好的
车，那你尽管去买它好了。"说的同时将自己的手指向克莱斯勒生
产的汽车。

广告播出去后不久，艾柯卡就接到了一些人的来信说："你说
得对，我到处逛了，没找到一部比它更好的车。"

随着拍的广告数量的增多，艾柯卡的表现也变得更积极主动
了。他经常将自己想出的广告语说给广告商听，每次都让广告商们
很惊奇："天哪，这样好的广告词我们怎么就没想到呢？"

艾柯卡曾说过一段惊世骇俗的广告词，他说："以前当我们说
起'美国制造'时内心都会非常自豪，那意味着最好的东西。然而
很不幸，现在的美国人再也体会不到那种自豪感了！"说到这里他
停顿了一下，当人们被他这句惊世骇俗的话震惊了时，他才又补上
了下半句话，"也许我们可以找回那种感觉，重新为'美国制造'
而自豪。"

艾柯卡拍了一批非常优秀的广告，但他并没有想过要当职业广
告人，继续这么拍下去。对拍广告他已经有些厌倦了，他相信公众
也一定看烦了他的那张脸，他想见好就收，趁着公众还没烦透他马
上从电视广告中消失掉。

其实，艾柯卡决定离开电视广告还有着更深层的原因，那就是
克莱斯勒已经在公众面前树立起了独一无二的形象，公众对它的认
可度已经足够高了，艾柯卡也就不必再站出来说什么了。

2. 出名后的烦恼

艾柯卡做的广告帮克莱斯勒树立了良好的形象，也为他本人赢得了更多人的崇敬，但让他苦恼的是，他太出名了，以至于连他的私生活都受到了干扰。有一段时间，他都不敢在大街上行走，因为总是会有很多人过去与他搭讪，甚至还有很多出租车司机在车中兴奋地大喊他的名字。刚遇到这种情况时，艾柯卡还很高兴，觉得这十分有趣，但时间一长，让他觉得简直是在受刑，太难受了。

有一次在纽约华都饭店的电梯里，一位妇女认出了他，激动万分地对他说："艾柯卡，你是我们所有人的骄傲，你棒极了，是个了不起的美国人。"这些妇女热情地与他握手之后才离去。公司一位在场的董事就问他："怎么样？被人崇拜的感觉不错吧？"

适度的热情让人感觉很舒服，但过度的热情往往会让人受不了的，艾柯卡觉得公众对他就太热情了。每次他到餐厅用餐都会遇到相同的情况，几乎每隔五分钟就会过来一个人与他攀谈，说的话题也惊人地相似，"1965年的'野马'汽车仍然可以跑。""'美洲豹'太漂亮了，简直无法超越！""克莱斯勒公司接下来打算推出什么样的车型？"诸如此类的问题不胜枚举。

更让艾柯卡头痛的是，一些商人借助他的名气大肆地宣传自己的产品，甚至不惜搬弄是非、扭曲真相。

艾柯卡是近视眼，他在做广告时总戴着眼镜，这让许多眼镜商看到了商机。他们就宣扬艾柯卡所戴的眼镜的镜架是法国某品牌的，那个品牌的镜架质量有多么好，戴起来是多么舒服。他们在撒谎的时候忘记了非常重要的一点，艾柯卡是个国货的支持者，一个一直宣扬"美国制造"的人怎么会戴法国制造的眼镜架呢？

艾柯卡说话时露出的牙齿也为他带来了一堆麻烦，有好几个口腔科医生写信给他，告诉他他的牙齿松了，该作些加固治疗了。甚至还有整形医院给他打电话，向他介绍他们的所谓"美的程序"的整形方法，建议他去作个简单整形，把牙齿向前推一些。这让艾柯卡非常气愤，他觉得这简直是在进行人身攻击，就写信给那些人说："我的牙齿都是真的，而且相当整齐，我从没想过要改动它们。"

艾柯卡一直将媒体视为企业最好的朋友，但这群朋友有时候也会做出些让人哭笑不得的事情。艾柯卡从未在所拍的广告中抽雪茄，只是为了增强效果而用手夹着一根雪茄。然而，一些报纸为突出艾柯卡每天面对的压力是多么大，就在报道中宣称他一天会抽一打到一百根雪茄。如此荒诞的事情，他们都敢拿出来写，让艾柯卡觉得自己真快成烟鬼了。

为了拯救克莱斯勒，艾柯卡经受了很多困难，也克服了很多困难，但广告给他带来的困扰却让他感到很苦恼，不知道如何才能彻底摆脱。

3. 关于竞选总统的谣言

那些在挽救克莱斯勒中发挥了重大作用的广告，还把艾柯卡推上了总统的竞选名单，这可让他受惊不小。

在临近美国总统换届的时候，有很多人都在传言说艾柯卡要参加下一届的总统选举。传言最盛的时候是在1982年的6月，《华尔街日报》在他们的头版新闻中写道："底特律盛传艾柯卡不甘于做个平民，想进入政府，寻求一个足以满足自我欲望的职务，传闻他想竞选美国总统。一个好莱坞的明星都可以参选总统，那他作为汽车界的名流当然没有问题了。何况他作了那么多次演讲，上了那么多次电视，还参与了自由女神像的重建工作，已经是商界响当当的人物了呢。"

以《华尔街日报》的影响力，加上他们引人入胜的推理，即便是传言，也会被他们弄假成真的，媒体的力量就是这么神奇。

关于他竞选总统的传言是怎么兴起的呢？这一点连艾柯卡都不是很清楚。他猜想大概起于他曾经开的一个玩笑吧。有一次，他请底特律新闻界的人士共进晚餐，在酒过三巡之后，他们问艾柯卡："你有没有想过去当总统啊？"对于这个问题，艾柯卡并没有往深处想，以为是酒桌上的玩笑话，也就跟他们开玩笑说："当然想啊，只要有人任命我，而且任期只是一年的话，我就去当！"

玩笑就是玩笑，在他看来，不要说当一年的总统，就是当一个月也会让他迅速衰老的。在拯救克莱斯勒的那几年中，他已经衰老了许多，再说他的心也累了，经不住再次的折腾了。

几个月后，《时代》杂志刊登出了1984年总统竞选人的名单，艾柯卡赫然在榜。他们对他的评价是"他有一张很写意的脸，非常适合做总统"。这一切都太富有戏剧性了，让艾柯卡哭笑不得，自己要参加总统竞选的消息是从杂志上得知的，参加的理由是他长着一张很写意的脸。

虽然媒体和公众都很支持他竞选总统，但艾柯卡对自己很了解，他不认为自己的性格适合从政。政府机构冗乱的机制对他这个习惯了雷厉风行的人来说，束缚太大了，会让他透不过气来的。再加上他前几年的境遇：被福特解雇、太太去世以及苦心挽救克莱斯勒，这些都快把他的精力耗尽了，他实在需要好好静养一段时间。

第十四章 艾柯卡成功背后的女人

在艾柯卡的一生中，有两个极其重要的女人，一个是他敬爱的母亲，另一个是他挚爱的妻子。母亲是他人生大厦的奠基者，她培养了他勤俭的品格和勇于面对挑战的魄力。妻子则是他人生大厦的钢架，支撑着他一步步向上攀登。

1. 勤俭的母亲

艾柯卡的母亲是位典型的移民母亲，她的身上体现着大多数移民母亲的优秀品质，勤劳、坚强、热爱家庭，又非常节俭。正是她所具有的这些优秀的品质，支撑着她的家庭渡过了一个又一个难关。

经济大萧条使艾柯卡的父亲失去了所有的钱，就连房子也差点被银行没收。从一个富裕的家庭跌入一个一文不名的境地，这场巨变让家里的每个人都措手不及，就连他一贯乐观的父亲也变得有些消沉颓废了。与家里的其他人相反，他那一向温婉的母亲则表现出了杰出的应变能力和坚强的毅力，勇敢地担起全家人的生活重担，成了顶梁柱。

困难时期，她最需要解决的就是一家人的生计问题。她总是在想办法以最少的花费来填饱全家人的肚子，艾柯卡曾回忆说："一份5分钱的骨头汤也是我们全家人的一餐，但我们都能吃饱。"为了不让家人感到生活太艰辛，每隔一段时间她就会给家人稍微改善一下伙食。她通常会跑到市场去买2角5分钱3只的雏鸟，买回来后自己宰杀，然后再变着花样地为大家奉上一道美味佳肴。

在大萧条变得更严重时，单纯的节俭已无法维持一家人的生计，她就主动到丈夫的餐馆帮忙，后来又去一家服装厂做女工。无论多么繁忙多么劳累，生活的压力多么大，她的脸上总会挂着微笑，很快乐地去做好每一件事。因为她知道，这个被阴霾笼罩的家庭需要她的呵护，她儿子上学的午餐费需要她来付。

与所有信仰基督教的家庭一样，他们对上帝一直怀有虔诚之心，即使在生活困顿的那几年也不例外。每个礼拜天，他的母亲都会带领全家去参加弥撒，每两个星期还会做一次圣餐礼。

在艾柯卡看来，礼拜天一直是他一周中最快乐的一天。在这天，母亲总会为他们做他们最喜欢吃的东西——鸡汤炖牛肉丸和意大利乳酪馄饨。礼拜天的晚上，大家放开手中的所有工作，聚到客厅里，吃着美味的食物，喝着红酒，嘻嘻哈哈，尽情地享受这温馨的时刻。晚餐过后，一家人或读一读书，或围在收音机旁收听喜爱的节目。这种温馨的氛围为一周的辛劳画上了完美的句号，也为家人下一周的努力注入了无限的能量。

母亲的勤俭和顽强，以及她对家庭的热爱，深深地影响了艾柯卡的一生。虽然他后来变得很有钱，但他始终秉承着母亲的勤俭风格，从不乱花一分钱。不仅如此，他还将勤俭当作家训，传给了他的那两个宝贝女儿。在面对挫折时，他也会像母亲一样迅速地站起来。被亨利·福特无辜地开除使他备受打击，但他并没有因此而消沉下去，而是很快地从沮丧中回过神来，将全部的精力投向了新的工作，在最短的时间内回了他的老东家重重一巴掌。

2. 永远的支持者——玛丽

　　除了一位伟大的母亲外，艾柯卡还有一位贤惠的妻子玛丽。作为妻子，她支持丈夫的每一个人生选择，她随时去体会丈夫的喜怒哀乐，她生活的中心永远是丈夫和孩子。每当艾柯卡取得事业上的胜利时，她总会满怀崇拜地对他说："我为你感到自豪！"虽然只是简单的几个字，但这其中所蕴含的无限艰辛和喜悦，只有他俩才能体会到。

　　在玛丽去世后，艾柯卡曾静静地回顾他们共同走过的岁月，他发现，玛丽对他说过那么多次"我为你感到自豪！"，而他却从未对她这样说过，但他心里非常清楚，没有玛丽的支持，他是不可能取得那一个又一个成功的。面对玛丽的遗像，他是多么想对她说一声"我为你感到自豪"啊，但她却听不见了。

　　无论艾柯卡是在福特公司攀登事业的高峰，还是在克莱斯勒公司艰难地跋涉，玛丽都是他最大的支持者，而且始终是。

　　她不仅全力支持艾柯卡的选择，还尽心地守护着他，给予他适时恰当的帮助。在艾柯卡进入福特公司总部，如愿以偿地当上福特总裁并深受亨利·福特赏识时，玛丽就提醒他："酒后现原形，你要小心，亨利是个卑劣的小人。"

　　面对亨利·福特的无理取闹，大多数人会忍气吞声，惧怕与他发生争执。然而玛丽却不怕他，每次看到亨利的无耻行径，她都会给他点颜色瞧瞧，因此，她也是少数几个让亨利不敢轻视的女人之一。

有一次玛丽和艾柯卡一起去参加一个好友的50岁生日宴会，宴会的气氛非常活跃，大家都在尽情畅饮。那时，亨利正被迫戒酒，玛丽有糖尿病不能喝酒，所以他俩坐在一旁聊了起来。

他们随意地聊着，不经意间聊到了高级经理们的聚会，这类聚会通常会在一些一流的度假胜地举行。玛丽觉得这种聚会也应邀请太太们参加，但亨利不同意她的观点，他说："女人总喜欢比来比去，从来只关心衣服和珠宝。"

玛丽毫不示弱地回敬他："你完全错了，当太太们在的时候，你们就会准时睡觉，不会到外面游荡。如此一来，公司的酒钱可以省一半，第二天早上你们还能够准时开会。因此，如果你们带太太一起去开会，收益会更多。"

艾柯卡曾指出：作为领导应具备一项重要能力，那就是果断采取行动的能力。在这一点上，艾柯卡曾自认不如太太玛丽。

有一次他们去拜访他们的好朋友韦恩，韦恩的心脏病突然发作起来，形势十分危急，连一向冷静的艾柯卡都慌了。而玛丽却表现得像个专业的护士，有条不紊地协助医生用心导管对韦恩进行急救。短短的20分钟后，一切又恢复到了正常状态，仿佛韦恩的心脏病不曾发作过。

不论遇到何种紧急情况，她都不会惊慌失措，她甚至可以直面车祸后的惨状。当她在车祸现场看到一个断了头的人时，她的第一反应不是吓得尖叫，而是在想"下一步我该做什么？"她总是能果断地采取行动，也正是由于她的这种能力，使她救回了两条生命，其中就有一条是他们的女儿凯西的。

对于女儿的那次事故，艾柯卡的印象非常深刻。当时女儿凯西10岁，因她骑的那辆脚踏车的刹车系统失灵，她猛然急刹车就使自己跃过了车把手，整个人飞落到了地上，而且是头先落地。艾柯卡看了一下女儿的瞳孔，既大又黑，已经扩散开，他立刻感到要晕倒。而当时玛丽却抱起凯西，冲着艾柯卡大叫："快叫救护车！"艾柯卡这才反应过来，赶紧打电话叫救护车，最终救回了女儿的性命。回来后，玛丽又给艾柯卡做了他最喜爱的汤，还让他到床上躺着缓缓紧张情绪，却连半句责备的话都没有说。玛丽在如此危急的时刻仍不失本色，实在让艾柯卡敬佩不已。

艾柯卡热爱他的家庭，深爱自己的妻子，他将家人的幸福看得比一切都重要。因此，他曾公开说，他可以原谅亨利·福特对他做过的所有不公平的事情，但唯独不会原谅他给自己的家人造成的伤害，一辈子也不会。

1978年，艾柯卡被亨利·福特开除了。这突如其来的致命打击，让玛丽伤心不已，过度伤心导致心脏病突发。她本来就已患病很久，而这件事的打击更加剧了她的病情。看着病床上日渐憔悴的妻子，艾柯卡有种天要塌下来的感觉。他暗暗发誓，这辈子都不会原谅亨利·福特。

在随后的那几年里，玛丽的心脏病又复发过几次，而且每次都与艾柯卡所处的艰难境地有关。更糟糕的是，玛丽还有糖尿病，糖尿病患者必须避免紧张的压力和刺激，但不幸的是，艾柯卡所选择的人生之路，不可避免地要经受许多非比寻常的压力。而她早已将自己的生命与丈夫的人生连在了一起，生死与共。

玛丽是个非常脆弱的患者，她的胰脏很少发挥作用，虽然她的饮食控制得很好，可她每天仍必须注射两次胰岛素。胰岛素的副作用常在半夜发作，使病人身体僵硬，猛冒冷汗。有时在家里急救无效还必须立即送医院。艾柯卡经常要到外地出差，出差的时候，他一天要给玛丽打两三次电话，以便从她的声音中判断她的状况。每当晚上艾柯卡不能回家时，他就会叮嘱两个女儿小心陪护着玛丽，因为在晚上她随时都可能出现休克或昏迷的危险。

在她生命的那最后几年，她的身心都不轻松，甚至是痛苦不堪的，但她始终没放弃对丈夫的支持。

在艾柯卡受到亨利·福特猜忌排挤的那段时期，她常对他说："假如你允许，我会给他点颜色瞧瞧，我知道这样你非走不可，但至少我们心里会好过一些。"可一向言出必行的她却没有给亨利什么颜色瞧，因为她知道自己的丈夫不忍离开福特公司，为了丈夫的前途，她必须忍耐。

在艾柯卡被亨利·福特开除后的那段灰暗的日子里，玛丽一直待在他身边，忍着身体上的和心灵上的剧痛，去安慰他，劝勉他。她知道他的血液早已与汽车行业融为了一体，他是不会离开汽车行业的。而且，她知道他想狠狠地还击亨利·福特。因此，她鼓励他到克莱斯勒去，她说："上帝会让一切都变好的，对你来说，被福特开除，也许是你美好未来的开始。"

在艾柯卡进入克莱斯勒后不久，就发生了伊朗危机和利率上升的不利局面。石油如同汽车业的血液，而利率则如同它的氧气，两件事情同时发生，世界经济想不崩溃都难。如果这两件事早一点发生，艾柯卡说什么也不会到克莱斯勒去的。看到丈夫所承受的压力，玛丽非常心痛，有一次，她试着劝丈夫离开："我爱你，我知道任何困难都阻止不了你前进的步伐，只要你下定决心去做它。但眼前的这座山实在太陡峭了，放弃一件不能完成的事并不可耻。"

然而艾柯卡不想放弃，他说："我知道，但事情总会好转的。"于是，她放弃了劝他离开的念头，重新站到了他的背后，继续给予他支持的力量。

艾柯卡被福特开除后，他们的许多老朋友都躲闪着他们，这让他们非常伤心。但这并没有让她沮丧地待在家里不愿出门，相反，她坦诚地去面对现实，并一如既往地爱着他们的朋友。有一天，她从报纸上得知他们曾经的好朋友的女儿要结婚，她就告诉艾柯卡说她要去参加婚礼。

艾柯卡说："不能去，我们是不受欢迎的人，而且他们并没有向我们发出邀请。""那是你的想法，"她说，"我们当然要去，我们都喜欢那孩子，我想看她穿婚纱的样子。如果她父母不理我们，那是他们的过错。"

就连福特公司的周年聚会，她也要去，并说："我已经参加了很多年，今年为什么不能去？记住，除了福特家的人，我们可是福特公司最大的股东。"

玛丽总是能如此冷静地面对各种窘境，而且从来都是不卑不亢的。

玛丽与艾柯卡一起度过了许多快乐的时光，也与他一起分担了许多精神上的痛苦和忧伤。她对他的爱从不受他的处境的影响，她也不像其他阔太太那样去追赶时髦。作为一家大公司总裁的夫人，她总是尽力地做好她需要做的每一件事，并面带微笑，从不失她的美丽、贤惠和善解人意。

自1983年春天开始，玛丽的病情就一天天在加重。5月17日，她那颗劳累的心脏终于停止了跳动，享年57岁。在她去世前她还对丈夫说："你们的车子做得真是越来越好了，不像你两年前开回来的那堆破铜烂铁了。"如果她能再坚持两个月，她就能看到克莱斯勒公司还清贷款了，那时的她一定会比任何人都高兴的。

在玛丽去世后，每当想起她，艾柯卡都会在心里默默地对自己说："玛丽永远都在支持我，她将她的一切都给了女儿凯西和莉亚，也同样都给了我。我之所以能够取得如此成功而美好的事业，完全是因为有她的支持。与我的家庭相比，我的事业算不了什么。"

附·录

李·艾柯卡生平

　　李·艾柯卡是美国当代最优秀的企业家之一。与此同时，他还是一位畅销书作家，他的著作《艾柯卡自传》、《艾柯卡的自白：管理与商业经》和《什么是真正的领导》，畅销全世界。

　　1924年10月15日艾柯卡生于美国宾夕法尼亚州的一个意大利移民家庭。他的父亲尼古拉12岁搭乘移民船来到新大陆，白手起家，从事过多种经营，略有资产。父亲在大萧条时期始终保持着乐观的态度和坚定的信念，这给艾柯卡留下了深刻的印象，也培养出了他积极乐观、勇于挑战的个性。

　　艾柯卡从小学到大学期间，不仅学习成绩名列前茅，而且兴趣广泛，对音乐、舞蹈、文学、体育都十分热爱。1941年，他进入里哈伊大学进修工程学和商业学以及心理学。1945年，以优异的成绩从里哈伊大学毕业。接着他又花了一年时间在普林斯顿大学获得文科硕士学位。

　　1946年8月，22岁的艾柯卡来到底特律，在福特汽车公司当了一名见习工程师，从而开始了他在汽车业中的传奇生涯。然而，实习尚未结束，他便厌倦了这份整天与无生命的机器打交道的工作，转入销售部，开始了他在汽车销售业的传奇人生。

　　艾柯卡虚心好学，努力工作，他出色的销售能力和销售业绩带着他一路飙升：22岁成为汽车推销员，25岁升为地区销售经理，36岁成为公司副总裁兼总经理，46岁荣登公司总裁的宝座。他发迹速度之快世所罕见。

艾柯卡的快速发迹与他过人的销售能力和创新能力密不可分。1956年，他发明的分期付款的销售方法，使福特汽车公司的年销量猛增了7.5万辆。1964年，他推出的"野马"车型，第一年的销售额就高达41.9万辆，创下全美汽车制造业的最高纪录，这也使他赢得了"野马之父"的称呼。后来，"侯爵"、"美洲豹"和"马克Ⅲ型"高级轿车车型的推出，更是大获成功。

1978年7月13日下午，因"功高盖主"，他被多疑善变的亨利·福特二世开除了。他在福特32年的职业生涯就以这种方式被迫结束了。

失业后不久，在慕名前来邀请的各大企业中，他选择了正濒临破产的克莱斯勒汽车公司。因为对他来说，一生中唯一感兴趣的就是汽车工业。以总裁身份入主克莱斯勒，无疑是他人生道路上的又一重大转机。不到一年他又接替了原董事长李嘉图的职位，登上了克莱斯勒汽车公司董事长的宝座。

在采取了一系列的开源节流和引资活动之后，艾柯卡终于于1982年推出了"道奇400"新型敞篷车，且大获成功。同年底，便使克莱斯勒公司多年以来第一次出现赢利。1983年，公司实现利润9.25亿美元。1984年，公司更是创下了23.8亿美元的赢利纪录，与福特公司十分接近，使其成为美国第三大汽车公司。

美国当时的一项民意测验结果显示，艾柯卡已成了美国人最崇拜的人，其声望仅次于当时的总统里根和教皇保罗二世。

1985年4月，他登上了《时代》杂志的封面，封面大标题为"他一说话，全美国都在洗耳恭听"。

李·艾柯卡年表

1924年10月15日，生于美国宾夕法尼亚州的一个意大利移民家庭。

1931年，7岁，遭遇经济大萧条，父亲破产。

1933年6月，上小学三年级，受到严重种族歧视。

1936年，上小学六年级，竞选学校纠察队长，因对手作弊而失利。

1939年，上小学九年级，竞选全校学生会会长，任职一学期，第二学期因与选民疏远而被迫离职。

1940年，患上风湿热。

1941年12月，日本偷袭珍珠港，艾柯卡因得过风湿热而无法参军。

1941年，进入里哈伊大学学习机械工程。

1945年，以优异成绩从里哈伊大学毕业。同年，进入普林斯顿大学攻读文学硕士学位。

1946年8月，成为福特汽车公司见习工程师。

1947年5月，由福特汽车工程部转入切斯特地区销售部。

1949年，成为宾夕法尼亚州威尔克斯巴勒地区经理。

1953年，升任费城区销售副经理。

1956年，成为华盛顿特区的经理。9月29日，与太太玛丽结婚。

1960年11月10日，升为福特汽车公司的副总裁兼总经理。

1964年4月，在伦敦博览会上推出"野马"汽车，大获成功。

1965年1月，升任福特汽车公司副总裁。

1966年9月，推出水星侯爵车型和美洲豹车型。

1968年4月，推出马克Ⅲ型汽车。

1970年12月10日，成为福特汽车公司的总裁。

1971年，为父母结婚50周年铸造纪念金币。

1973年，父亲去世。

1975年8月，开始被小亨利·福特秘密调查。

1977年初，开始受到小亨利·福特的排挤陷害。

1978年7月13日，被独断的小亨利·福特口头开除。10月15日，被福特汽车公司正式开除。11月，接受克莱斯勒汽车公司的邀请，接任总裁。

1979年，说服国会同意政府向克莱斯勒公司贷款15亿美元。不久，升任克莱斯勒汽车公司董事长。

1982年，推出"道奇400"敞篷车，大获成功。年底，引导克莱斯勒公司走出谷底，第一次出现赢利。

1983年，引领克莱斯勒公司取得公司历史上最高利润9.25亿美元。

1984年，使克莱斯勒公司赢利23.8亿美元，成功将其救活。

1985年4月，登上《时代》杂志的封面，封面大标题："他一说话，全美国都在洗耳恭听。"